Edición bilingüe

Todo es normal

Bilingual edition

Everything is normal

POESÍA

Serie Sentimiento # 15

MANUEL CAMACHO

Editorial Orbis Press
P.O. Box 1273
Turlock, California 5381
U.S.A.
Tel. (602) 625-3311
editor@orbispress.com
WWW.ORBISPRESS.COM

TODO ES NORMAL/EVERYTHING IS NORMAL/Edición bilingüe/Bilingual edition
Manuel Camacho
Serie Sentimiento #15
Primera Edición/First Edition, 2023

International Standard Book Number/
Número Internacional Normalizado para Libros:
ISBN (10): 1-931139-85-7
ISBN (13): 978-1-931139-85-4

WWW.ORBISPRESS.COM

Concepto y diseño de portada y contraportada, departamento artístico de *Editorial Orbis Press* y de Hansen Wannam, diseñador gráfico. Arte gráfico y diseño original de interiores, departamento artístico de *Editorial Orbis Press* y de Hansen Wannam. Foto de portada e imágenes de interiores archivo de *Editorial Orbis Press.*

Cover and back cover created by the art department of *Editorial Orbis Press*, and Hansen Wannam, graphicdesigner. Interior concepts, images, and text design by the art department of *Editorial Orbis Press*, and Hansen Wannam. Pictures and images, archives of *Editorial Orbis Press*

Agradecimientos

Parte de este proyecto fue posible con la colaboración de Roberto Radrigán *y* Richard Ríos *quienes trabajaron en la traducción de muchos poemas publicados en la revista mensual, Joaquín. Quiero extender mi agradecimiento a mis colegas y amigos Martín Camps por revisar la versión en español, a Zack Prince, June Guillan y Paula Sheil por haberse tomado el tiempo y la molestia de revisar y editar la versión en inglés. Los consejos y sugerencias de estos excelentes académicos demuestran que soy un ser afortunado.*

Acknowledgements

Part of this project was possible with the collaboration of Roberto Radrigán *and* Richard Ríos, *who translated many of these poems originally published in Joaquin Magazine. I want to thank my friends and colleagues Martín Camps for revising the Spanish version, and Zack Prince, June Guillan, and Paula Sheil for taking the time to revise and edit the English version. The advice and suggestions from these excellent scholars demonstrate how fortunate I am.*

Índice/ Table of contents

Todo es Normal 1

I El menú del día 3

El Sweatshop USA 4

Once millones 8

Elegía por Miroslava 10

Los ojos de la mujer somalí 12

Mayoreo 17

Cocodrilos y serpientes 19

Masacres 21

El maestro 22

El policía 24

El sueño no morirá 25

Grito de mujer 26

La paz 28

Las arañas 30

México lindo y querido 32

La luna loca 34

II Reflexiones, Nostalgia, Filosofía… 35

Joven y viejo 36

Elogio a la Poesía 38

El asesino de la poesía 39

El índice 41

No entiendo lo que quieres 43

Tus lágrimas 46
Todo me recuerda a mis hijos 47
La falsedad moderna 48
La maté 50
Justicia 52
La casa 54
Mi ciudad 55
Todo por un diente 57
El verdadero amor 59
El Penny 61
Cicatrices 63
La botella 64
La casa ya no está 66
Rayo de luz 68
Los niños 70
Gotas 71
Vino tinto 72
III El amor y sus obras 73
Dos fuerzas 74
Una noche 76
La luna 77
Una luz en el horizonte 78
Un encuentro 79
Tu pelo 80
Tu voz 81
Tus palabras 82
El vestido blanco 84
El vestido negro 85

Tu espalda 86
Los higos mágicos 87
El sillón 88
Sin título 89
The Lingerie 90
Ese día 91
Hay una flor en el cielo 92
Dos diosas 93
Una hoja 95
El árbol 96
La célula 97
Cualquier palabra 99
Tu esencia 101
¿Quién? 102
***Everything is Normal* 103**
I Our daily bread 105
Sweatshop USA 106
Eleven Million 110
Eulogy for Miroslava 112
The eyes of the Somali Woman 114
Today, Everything is Fashionable, Except Poetry 117
Wholesale 120
Serpents and Crocodiles 122
Massacres 124
The Teacher 125
The Police Man 126
The Dream Will Never Die 127
Woman's Cry 128

Peace 130
The Spiders 132
Mexico, lovely Mexico 134
Crazy Moon 136
II Reflections, Nostalgia, Philosophy… 137
Young and Old 138
Praise to Poetry 140
Poetry's Assassin 141
The Index 143
I Do Not Understand What You Want 145
Your Tears 147
Everything Reminds Me of My Children 148
False Modernity 149
I killed her 151
Justice 153
The House 155
My City 156
Because of a Tooth 158
True Love 160
The Penny 162
Scars 164
The Bottle 165
The House is Gone 167
Ray of light 169
The Children 171
Drops 172
Red Wine 173
III Love and its manifestations 175

Two Forces 176
A Night 178
The Moon 179
A Light on the Horizon 180
An Encounter 181
Your Hair 182
Your Voice 183
Your Words 184
The White Dress 186
The Black Dress 187
Your Back 188
The Magical Figs 189
The Armchair 190
Untitled 191
The Lingerie 192
That Day 193
There is a flower in the sky 194
Two Goddesses 195
A Leaf 197
The Tree 198
The Cell 199
Any Word 202
Your essence 203
Who? 204
Sobre el autor 205
About the Author 206

Todo es Normal

I
El menú del día

El Sweatshop USA

Cada soneto es un hombre

Uno

Hundió aquel pedal hasta el fondo.
Pero, ¡ay! Olvidó sacar la mano.
El orgullo calló el grito; fue en vano. Un
aroma surgió desde lo más hondo:

La piel quemada, un olor hediondo.
–Me aguanto como hombre que soy, paisano
–dijo–; venimos a trabajar, 'mano.
Reprime así su dolor. No respondo.

Tenía que ser más larga la pinza
Del pantalón; yo lo hacía lentamente. Y
en mi plancha de vapor, mi brizna

Era mejor. Quiso él sacar ventaja;
Me exigió trabajar como un demente.
Y quedó su mano hecha mortaja.

Dos

Rollos de tela cruda por el suelo
Esparcidos. Yo con el montacarga
Anunciaba: –El hombre ya no carga;
Hacerlo más fácil es gran consuelo.

No obstante, Sabino, siendo mozuelo,
Me reprochó con procacidad larga:
–Hay que trabajar –dijo, carilarga.
Intentó alzar un bulto al vuelo.

Por hacerlo rápido el muy ingrato,
La columna le tronó de inmediato.
Un hombro quedó más bajo que el otro.

Hoy jorobado está: nada grato.
El trabajo mantuvo por un rato.
Al final fue sustituido por otro.

Tres

Zigzageaba teñida la tela
Entre cilindros de vapor candente.
Subía fría, bajaba caliente.
Un cordón, amarrado con cautela

Fungía de puente, como estela.
Si rompía, había que ser prudente;
Subir a atarla no era conveniente.
Yo hacía de lejos y evitar secuela.

Un hombre más atrevido cayó.
Tal si fuera el mayor de los castigos,
Condenado en el infierno se halló.

Se asaba en vida ante los amigos.
El grito horripilante no calló.
Todos los presentes fuimos testigos.

Cuatro

La barra bien sujeta a la cadena
Subía con la polea balanceada.
El rollo era pesado, de entrada.
Cualquier descuido sería condena.

Yo lo hacía lento y sin pena;
Nos pagaban por la misma bobada.
Él se apuraba, la tenía planeada:
Presumir al patrón y gente ajena.

Claro, se zafó la barra un día,
(La tarea había sido malograda);
Como misil de guerra se dirigía.

La cabeza le dejó desgarrada.
Desde entonces el pobre aparecía
Con toda la frente descalabrada.

Cinco

Los rodillos deslizaban la tela
Cruda en el químico escarlata.
El hombre a cargo su tarea acata;
Sin embargo, olvidando la cautela

Por la resaca de una noche en vela,
La máquina por poco no lo mata:
Le arrancó el brazo como a una mata.
Él cayó en shock sobre la duela

Con la mirada vacía y muda.
Oímos que por sus hijos clamaba
Con voz trémula, espantosa, cruda.

Y aunque la escena nos perturbaba,
Al señor de arriba le quedó duda.
Al otro día otro hombre trabajaba.

Once millones

Con tu cruz y tus microbios virulentos,
Con tus salvajes sesos abominables,
Arrasaste milenarias civilizaciones.
Fueron once millones, once millones.

Fue tu designio aniquilar poblaciones,
Fue tu actitud de asesino elegido,
Desecharlas al olvido sin rastro alguno.
Fueron once millones, once millones.

Extirpaste raíces de lenguas y culturas,
Mutilaste su espíritu con tu cobarde
atropello,
Con cadena y látigo las desraizaste.
Fueron once millones, once millones.

Vetaste a los constructores de tus rieles,
Promulgaste leyes siniestras y aberrantes,
Los acorralaste como a seres indeseables.
Fueron once millones, once millones.

Con gases ominosos y hornos infernales,
Culpables de tus transparentes vilezas,
Los convertiste en descontaminadas cenizas.
Fueron once millones, once millones.

Vecino desigual, remitido a la vergüenza,
Los arriaste y despojaste de sus bienes,
Más dos implacables detonantes nucleares.
Murieron once millones, once millones.

Después de dos guerras saliste airoso;
Forjas el camino y explotas al vencido,
Dejando torrente de futuros truncados.
Son once millones, once millones.

Hoy continúas sin tregua las invasiones,
Con la armadura de tus corporaciones,
En un paraíso de muerte sin restricciones.
Han sido once millones, once millones.

La gente huye del devastador verdugo.
Cinco siglos de tuercas y torniquetes,

Los enfilan al exterminio, atroz destino.
Son once millones, once millones.

Hoy arriban hombros, espaldas y brazos.
Encadenas, explotas, azotas, apresas, matas.
No lo podrás ocultar, lo tendrás que encarar.
Son once millones, once millones.

Trabajan siempre con ética y lealtad.
Pero prepotente los pretendes erradicar.
¿Cuántos padres, niños y niñas expulsarás?
Son once millones, once millones…

Elegía por Miroslava

¡ASESINO!

Silenciaste una mente más
Ya no correrá más la tinta
Como hiciste con su sangre
Pero la palabra te seguirá

Tatuada en tu frente
En todos los idiomas
En todos los diccionarios
Señalándote acusándote

Ocho balazos acallaron la voz
Pero la palabra explota como
El estruendo de un volcán que
Te nombra esbirro de Satanás

Huyes y te escondes reptil
Pero la palabra te persigue
Cada día cada hora cada minuto
No cederá hasta encontrarte

Por lengua larga la mataste
Pues todos somos sus herederos
Porque siempre escribiremos
Por eso te sentenciamos

Ella será tu sombra
Ella será tu verdugo
Ella quien te condena
Ella se llama Miroslava

Ella es la palabra
Ella es la voz
Ella es la verdad
Ella es la que te llama

¡ASESINO! ¡ASESINO! ¡ASESINO!

Los ojos de la mujer somalí

Los ojos de la mujer somalí
Son gemelos de la hambruna.
Son ojos desventurados,
Deshidratados como la tierra
Sedienta que la absorbe.
No claman compasión.
Miran los inmundos espíritus
Bárbaros, alérgicos al gluten.
Miran las caras cínicas de
Los carnívoros glotones.
No condenan a los arrogantes
Vegetarianos,
Ni a los impúdicos veganos.

Son gemelos de la hambruna.
Son ojos desilusionados,
Irreconciliables como
Corazones despedazados.
No juzgan al acaudalado,
Despilfarrador inescrupuloso.
Miran las caras insolentes de
Quienes desdeñan el guiso.
Miran apilarse en la basura

Enormes montañas de alimento.
No condenan a quien la desdeña,
Ni a los que hacen gesto a todo.
Los ojos de la mujer somalí
Son gemelos de la hambruna.
Son ojos vacíos como los ríos
Desterrados de su cauce.

No exigen dádivas, limosnas,
Ni rezos insípidos de pontífices.
Miran los rostros repugnantes
De quienes se apiadan de ella.
Miran los rostros de lástima
Aglomerarse sin hacer nada.
No maldice la rapiña humana
Ni cuestiona tan harta vileza.

Los ojos de la mujer somalí
Son gemelos de la hambruna.
Son ojos desconectados, sin luz,
Como dos inexistentes estrellas.
No reclaman sentimientos
Irracionales, palabras huecas,
Inválidas, podridas, ponzoñosas.
Miran los ojos de los otros,
Recelosos, ausentes de amor.
Miran los ojos de los otros,
Farsantes, lujuriosos.
Los ojos de la mujer somalí
Son gemelos de la hambruna.
Son ojos universales, eternos,
Como dos soles deslumbrantes.
No imploran misericordia
Ni magnanimidades falsas.
Miran con ansia la llegada
De la muerte que se demora.
Miran sin sollozar, sin gemir.
Y tú, con todo, dices que te falta.
¡Por el amor de Dios!
¡No te quejes, no te quejes…!

Hoy todo está de moda, menos la poesía

Hoy todo está de moda, menos la poesía.
Está de moda la política, siempre latente
Como un elemento de la naturaleza.
Está de moda la política sucia, la plutocrática, la fraudulenta.
La política radical, la ultraderechista, la nacionalista,
La utopista, la política caótica, la política del miedo.

Está de moda la religión, propietaria del espíritu
Que aturde, que ahoga el entendimiento.
Está de moda la religión del odio, del exterminio,
La religión ciega, intervencionista,
De ocupación, de complicidad, de la mentira,
De la omisión.

Está de moda la guerra, el único mal incurable.
Está de moda la guerra contra el terrorismo.
La guerra contra las drogas, la guerra sucia,
La guerra contra la corrupción, contra la verdad.
La guerra contra la pobreza,
La guerra contra las mujeres, la educación,
La contaminación, la discriminación,
El racismo, la libertad de expresión.

Están de moda los feminicidios y, como si nada, el silencio domina.
Está de moda el abuso doméstico, la tortura,
Los asesinatos de estado, la brutalidad policiaca,
Los desaparecidos, los presos políticos,
Los migrantes, los refugiados, los exiliados,
Los desplazados, los indocumentados, los deportados.

Está de moda la pederastia, con el auspicio del Vaticano.
Está de moda la pedofilia, la homofobia,
La xenofobia, la misoginia, el acoso sexual.

Está de moda la explotación, la evasión de impuestos,
Los paraísos fiscales, los fraudes electorales,
Los golpes de estado sin balas, las invasiones territoriales,
La limpieza étnica, los suicide bombings.

Está de moda el calentamiento global como un presagio del fin.
Están de moda los maremotos, los terremotos,
Los incendios forestales, los huracanes,
Las inundaciones, los deslaves,
Los derramamientos de petróleo, el fracking.

Están de moda las murallas milenarias,
Destinadas a convertirse en zonas arqueológicas.
Están de moda las murallas kilométricas, las murallas electrificadas,
Las murallas dobles, las murallas amenazantes,
Las murallas sin escrúpulos, las murallas invisibles,
Y las gated communities.

Están de moda los movimientos sociales que se dan como
Los juegos olímpicos o los mundiales.
Está de moda el feminismo, los derechos civiles,
El movimiento antimilitarista, el ecologista,
El movimiento obrero, el movimiento okupa,
El antiglobalización, el Black Lives Matter.

Está de moda reciclar las dictaduras como el papel higiénico.
Están de moda las dictaduras democráticas, las monárquicas,
Las oligárquicas, las comunistas, las fascistas,
Las capitalistas, las neoliberales, las corporativistas,
Las partidistas, las fundamentalistas.

Están de moda las adicciones como un manto divino.
Está de moda la adicción a la heroína, la adicción a la cocaína,
La adicción a la nicotina, la adicción a los barbitúricos,
la adicción al alcohol,
La adicción a las pantallas táctiles, la adicción a las redes sociales.

Están de moda las masacres que revelan como la noticia del día.
Están de moda las masacres de obreros, de campesinos, de mineros.
Están de moda las masacres de indígenas, de disidentes, de estudiantes,
De maestros, de intelectuales, de poetas.

Hoy todo está de moda, menos la poesía.

Mayoreo

Páseeeleee, páseeeleee marchantitaaa,
Tenemos su mercancía a precio de mayoreeeo.
Páseeeleee, páseeeleee marchantitaaa,
Todo está a precio de rebajaaa.

Mire estos descabezados, el cuello como
Rosa roja de pétalos apretados, palpitantes.
Así están más hermosos, ¿no cree?
No la necesitan, se hicieron así en una
Sociedad sin cabeza, como gusano sin patria.

Observe estos acribillados a mansalva.
Los agujeros no son halagadores,
Pero en uno vemos la remota saña humana.
Por este hoyito diminuto se esfumó la vida,
Como pinchar un globo que vuela sin fortuna.

¿Ya vio los ahogados? son fresquitos, recién llegados.
¿Verdad que son simpáticos y bien chonchitos?
Son almohadas sonrientes que quieren abrazarte.
También parecen osos de peluche abundante.
A veces se deshacen en pequeñas erupciones.

¡Ah…! Mire usted, los asfixiados, con los ojos detenidos.
Me pregunto cuál sería la imagen de la última vocal enunciada.
Si acaso se quedó suspendida en la garganta igual que su mirada.
Tal vez es la réplica de todas las dichas de una vida plena;
O el adiós de una despedida amarga que la memoria no apaga.

Pase, aquí están los mutilados. La mayoría son mujeres que nadie reclama.
Pareciera que las hayan olvidado como accesorios baratos.
Preguntan por ellas pero sólo hay cuerpos desmembrados,
Decorados con zapatos, calcetas, alguna cicatriz de remotos recuerdos;
Constantemente llegan envueltas en sogas como leña desechable.

Aquí están los ahorcados, colgando la lengua, gritando su resistencia.
Véales la expresión solemne y púrpura. Han bajado a redimir su destino
En el tiempo inerte, entronado en las ramas tristes, como hojitas que caen
Al suelo para nutrir la memoria inexplicable del había una vez ficticio.
Admire a los quemados. No sé exactamente dónde está la desesperación.
La muestran en los ojos, en un grito apagado, en una mano engarruñada,
El pelo desfondado, los huesos aferrados al silencio, la pose de su acción,
El color insípido, la rigidez del final, la impotencia, la ceniza acelerada.

Estos son los linchados; todos variados: hay apaleados como piñatas sin fondo,
Apuñalados como en un sacrificio ciego, apedreados con furia multiplicada,
Pateados como los penaltis certeros en un juego que nadie falla nunca.

Estos montoncitos están reservados a los desaparecidos: los esfumados.
Arrebatados de las entrañas del intento que afloró una vez en el desierto del cambio.
A veces quedan fotos de lo que fueron, con su compra se los damos de pilón.
Llévëselos como homenaje a esos desperdigados que cayeron en cualquier lugar.
Para que no ronden atormentados, para que descansen, para que descansen.
No quedarán en el olvido; renacerán siempre entre los escombros de cada latido.

Páseleee, páseleee, marchantitaaa, llévese sus muertitooos, páseleee…

Cocodrilos y serpientes

Mis ancestros erigieron un imperio
En las entrañas de un islote
Decretado por el Dios:
Hechicero fugaz de la hecatombe.

Se nutrieron de serpientes despiadadas
Y el vigor de águilas sedientas.
Conquistaron tierra de cactus majestuosos
Con horizontes de oro entre las venas
Y el cielo emanando argento incandescente,
Como imponente luna nueva.

El invasor sanguinario sepultó la historia
Con glacial crucifijo de acero.
La sangre dejó de ser sagrada
Y las cadenas extinguieron el sueño.

Levantaron murallas de sotanas depravadas,
Acogidos detrás de sacras pesadillas indecibles.
Pero el credo esclavizante se desvanece
Y el nuevo sol despunta con luz propia.

Otro falso profeta surge con hambre de araña;
Tramando marañas medievales,
Escupiendo furia envenenada,
Vomitando vilezas aleatorias.

El títere insensato pregona un foso infinito,
Infestado de cocodrilos con dientes putrefactos,
Y serpientes coloridas como serpentinas en saldo.

Las serpientes nos pertenecen.
Somos los dioses reptiles.
Somos los dioses cactus,
Somos los dioses de los astros.
Somos todos los dioses.

No nos detienen los siglos.
Nos guían las carcajadas estridentes,
Causadas por la perene embriaguez
De temerle al coco errante
De piel cobriza y sílabas transparentes,

Clamando la tierra de poros vivos
Sobre un yacimiento de plumas escondidas.
Es la hora de la serpiente.
Despierta la divinidad.
El señor de los milenios
Ya cruza el continente.
Tres mil kilómetros floridos
Con la obsidiana en alto
Exige el núcleo ancestral.

Masacres

Ayer brotó otra masacre,
Como retoños espontáneos en primavera,
Tan naturales en su origen,
Propagándose en órbitas macabras.
A veces se anuncian en verdes
estampidasEnvueltas en cápsulas de plomo.
Algunas, cautas, caen en granizadas
Para acallar el paisaje de la sangre.
O se disfrazan de lluvia y, discretas, abarcan la
lejanía.
Son invisibles. No hay quien las vigile.
Aparecen en los campos apiladas
En montones de ramas infértiles.
Se dispersan en pacas por todo el horizonte.
Las guerras ya no tienen el monopolio.
Han alcanzado la independencia
De las bombas, los gases y las llamas.
Ahora son divertimento de niños.
Como brincar sobre un hormiguero,
Aplastar cucarachas y gusanos.
Colgar a los adversarios en las avenidas.
Desmembrar colegas en cámara lenta.
Destazar mujeres por deporte.

Allanar las noches de miseria.
Jugar a los encantados con calibre cincuenta,
Y recostarse desvergonzado
A contemplar el apacible sueño de las nubes.

El maestro

Todo se desmoronó:
Llegaron los soldados.
Masacraron a todos,
También a los niños.

Se reían y celebraban
Tal si jugaran videojuegos.
Luego se sentaron como
Lo hicieran en su casa
A jugar a los naipes.

Esperaban a que llegara
El profesor rebelde.
Ese quien se atrevió
A desafiar la reforma
Antieducativa.

Se plantó ante ellos
Y fue contundente:
Mátenme si tienen honor.
Porque mañana
Morirá el traidor.

Pero lo querían vivo
Para humillarlo.
Para que sirviera de ejemplo,
Porque se había sublevado.

Apagaron una voz,
Pero el grito no.
Quedó vivo como
Un volcán activo,
Bramando, sin descanso.

El policía

Apareció la cara del policía con los pómulos duros.
Bajó una ceja severa, apuntando la otra al cielo
Como queriendo intimidar a un niño travieso.
Luego se llevó el pulgar y el índice a la barbilla
Escrutándome de pies a cabeza, confundido.

De seguro le incomodaba mi imponente figura
Que se atrevió a desafiar su cerebrito pueril,
Incapaz de distinguir entre el coito y el delito.
Se me paró enfrente con los brazos hechos asas,
Pues así mete el miedo la insolente autoridad.

Hizo mueca de empuñar su pistola, la mirada fija,
Fría y hueca como montaña despojada de sus entrañas.
Era un ser azul con la envestidura del engaño,
Un asesino con el putrefacto gusto de matar
Y llegar a casa con otro souvenir en la conciencia.

Por fin preguntó con voz falsa y defecada,
¿Qué haces? Mis pantalones abrazándome los tobillos,
Con la erección en el ayer, triste y desenfundada,
Le dije rugiendo, como eyaculando con furia,
¿Qué no miras? Estoy haciendo el amor, pendejo.

El sueño no morirá

Lo han intentado millones; por eso han muerto millones.
Pero también triunfan los que quedan, los que continúan.

A este único mundo, nuestra tarea es explorarlo.
El camino es eterno, infinito, el destino incierto.

La gente marcha y sigue forjando el sendero.
Es gente que huye, es gente que escapa: es gente.

El pasado muestra lo que hoy vivimos:
Un presente cruel, colmado de odio.

Aún así, alzamos la voz:
Sólo buscamos la libertad.

No nos detendremos jamás, es un hecho:
Somos un chingo y seremos más.

El sueño no morirá.

Grito de mujer

Los golpes arrecian sin pudor.
Solo sus gritos se disparan
Entre las nubes de pólvora.
Ahí van quedando los hijos,
Olvidados en un instante.
Se ha cansado de parir soldados
Ahogados en petróleo.
Su destino estaba maldecido,
Como profecía cumplida.
Hoy se encuentra indefensa,
Cautiva y sola. El agresor
Le extraerá los ojos sin clemencia;
Para que no sea testigo del expolio.
Le sacará los dientes, y uno a uno
Revelarán inagotables riquezas.
Le arrancará las uñas para que
Se rasque el dolor con su propia sangre.
La cabeza desposeída quedará
Inmersa en un lodazal de pobreza.
Las extremidades zarparán

A los confines del imperio para
Volver y carcomer sus cicatrices vivas.
Los órganos vitales quedarán expuestos
Y será botín de los intrusos carroñeros de minas.
Pensé que el ultraje había quedado relegado
A los antiguos libros de historia;
O que era una pesadilla reciclada.
Pero ya está el verdugo en la puerta

Para propinarle otra nueva estocada.
Despojada y mutilada una vez más,
Ella se desgaja, llora desgarrada…
Ella, nuestra América, mujer eterna,
Nuestra madre, nuestra hermana,
Es la eterna violentada. Pero se aferra,
Porque su corazón sigue latente y
Grita, grita, grita…

La paz

Me confunde la paz.
Tantos símbolos,
Tantos personajes
Que la claman.

Estalla la guerra
En nuestras narices.
La explotación agobia.
Los ilustres mandatarios
Sacan los colmillos
Y arrasan a sus anchas.

Siguen cayendo mujeres
Como hojas a la deriva;
Pisoteadas en lodos de sangre.

Los niños se pasean sin cabeza.
Sus pulmones explotan desbordados
Entre imágenes falsificadas.

El hambre juega a las escondidas,
Asoma burlona los cachetes hinchados,
Como bombones de veneno.

La yoga disfrazada de seda
Esconde sus contorciones orgánicas
En la pueril contemplación.

Las vírgenes de cal rigen las desilusiones.
Lloran las desventuras, encadenadas
En los altares, tras flamas titubeantes.

En las noches, los mosquitos cantan
Su cizaña en las orejas.

Los perros bailan con el demonio
La danza de la luna.
Algún borracho revienta otra botella.

Las golondrinas despiertan la madrugada
Desgañitándose adrede.

El tamalero se apropia de la mañana;
Pregona docenas verdes, rojas a todo pulmón.

El tráfico embotella el pulso.
El cerebro borbotea como lava.

Y la mujer de mis sueños,
Siempre me asusta la siesta.

Me confunde la paz.

Las arañas

Los dictadores modernos son arañas.
Odio las arañas; hay que erradicarlas.
Son grotescas, repugnantes, dañinas.
Son esbirros de Satanás.
Se arrastran en la inmundicia,
Trepan la pared como manchas suicidas,
Vuelan desapercibidas como
Nubecillas desorbitadas. Pregunto:
¿Cuál su destino, cuál su propósito?
¿Será obra ruin, concebida
En cuarteles militares?
Nos vigilan desde sus escondites
Como droncillos desechables.
Están en todas partes, acechando;
Siembran terror espeluznante
Cuando hacen guardia y
Permanecen inmóviles.
Tejen su tela de ponzoña en secreto
Para lanzarse a la caza.
Han secuestrado nuestras voces.
Estamos atrapados en sus redes,
Somos cautivos trepidantes.

Las arañas han raptado la libertad;
Las arañas asedian la libertad.

Las arañas nos chupan la sangre a gotas.
Las cadenas del silencio se eslabonan y
La tortura invisible nos asfixia.

La libertad se esfuma entre guerras
De petróleo y murallas infinitas.

Es imperativo rescatar la libertad.
Las arañas no son patrones de la libertad.

Hay que invadir sus guaridas,
Extraerlas y quemarlas al sol.
Qué vuelvan a sus cavernas infernales
Hechas cenizas defecadas.

Hay que declararles la guerra,
Pasarlas por las armas,
Combatirlas hasta el final.

Las arañas no resisten cañonazos de
Aspiradora ni chanclazos milenarios.

Qué sean otra vez una mancha
Impregnada en el suelo y
Qué se vayan al vacío del olvido.

La libertad lo merece.
La libertad lo exige.
Qué queden extintas las arañas.

México lindo y querido

Ejecutas a tus mujeres.
La última la encontraron
Colgada en una cabina telefónica.
Caen como un fuerte aguacero.
Las calles se encharcan de muerte.
No hay refugio para ellas;
Acosadas con un puñal en la espalda
Por asesinos perversos
Que les degollan el tuétano de la esperanza.
La virgen morena contempla impávida.
El mariachi festeja a las santas madres y
En cada nota retumba la voz que las condena:

La vida no vale nada

Se esfumó desde el principio.
Y ellas, atrapadas en la mirilla de
Su eterna pena, desfilan a su morada:
descuartizada una, destazada la otra,
O balaceada, apuñalada, estrangulada,
Degollada, quemada, torturada, colgada,
Violada, amartillada, picada, pateada…
Las voces se alzan y claman, son muchas.
Pero al Señor no le importan.
Le divierten las guerras floridas.

¡Viva México! ¡Viva!

México de mis amores

Tierra del maíz y los feminicidios.
Donde Malinche abrió los brazos a Cortés;
Donde la Virgen conquistó a los indios y
Le cerró las puertas a Sor Juana.
Tierra del maguey y los desaparecidos.
Tierra del nopal y los desterrados.
Tierra de pirámides y sacrificados.

Como México no hay dos…

La luna loca

La luna no se calla. Es escandalosa.
Se carcajea cuando nos ve bailando
A la orilla de un río plácido o
Entre la multitud de un carnaval.
Nuestras caminatas doradas
Por las calles inundadas de murales
Y flores parpadeantes reverenciando
Tu cabello de amapola.
Se regocija en nuestro andar por
La playa donde nos señala el vacío
Más allá del horizonte en llamas.
A veces se entristece por las acciones
De la esquizofrenia política que
Vomita vileza putrefacta en sus genes.
No comprende la lujuria del obstinado
Que goza el pesar de los niños enjaulados.
No comprende al huérfano desterrado
Que dejó de existir detrás de la muralla.

II
Reflexiones, Nostalgia, Filosofía…

Joven y viejo

Yo no soy anciano,
mucho menos viejo.
Yo soy como tú: un despertar,
un comienzo.

Somos luz de un nuevo sol
Que acaricia el alma, que penetra
El tiempo que no deja huella.
Somos el reencuentro de dos nacimientos,
Emergiendo uno, emergiendo el otro.

Hoy vamos de paso, lento yo, de prisa tú.
No voy de regreso, sigo mi camino.
Vayamos los dos forjando el destino,s
igamos el viaje a lo desconocido.

Hoy prendo de ti la miel de las cosas;
porque eres la abeja que aviva las flores
y ellas son dichas, alegrías y placeres;
porque nunca mueren, son eternas siempre.

Anda, corre adelante como hacen los ríos.
Recorre los valles; endulza los lagos;
aleja los males ocultos entre las montañas;

baila con los mares el ritmo divino que asciende
a los cielos, que mane siempre oro cristalino.

Nos alejaremos, pero unidos ambos todo
abarcaremos el tiempo, el espacio.
Encontrarás las huellas de un antiguo imperio;

Los cimientos que tú encarnas:
pilares que anuncian nuevas esperanzas.

Serás el testigo de las mismas luchas,
de las injusticias, de los sinsabores,
De inmensas angustias y de guerras sucias.
Escucharás falsas promesas, demagogias,
desesperanzas, y el ensordecedor, el reverberar
eterno de un millón de viles patrañas.

El palpitar telúrico de nuestra Madre Tierra,
agobiada por su pena, entonará su estremecedor
Canto: los terribles terremotos, bramando;
Los furiosos volcanes, estallando;
los insaciables maremotos, rugiendo;
y los impredecibles huracanes, arrasando.

Reflexiona un instante, solo un momento.
nada es insólito, todo es idéntico.

Quedan las memorias como las estrellas,
refulgentes a veces en noches sin luna.
Escucha el eco de nuestro pasado:
de esas experiencias tú serás testigo.
Lo dijo mi padre. Lo dijo mi abuelo.

Antes de partir, hijo mío, una sola cosa
te pido, dejar un legado imperecedero:
Respeto… respeto… respeto.

Elogio a la Poesía

Creí que había conquistado la poesía.
No, ella me conquistó a mí cuando
Surgiste tú, tú, poesía inmaculada.

Intuyo ahora porqué tu cabellera dorada
Resplandece tu silueta de Venus
Emergiendo de las oscilantes olas.

El verde de tus pupilas me envuelve
Todo como el cielo a las estrellas.
Es tu piel que me enciende las entrañas.

Tus labios de seda, tu boca aterciopelada,
Me absorbe cual cascada precipitada.
Y caigo al vacío rebosante de alegría.

Mi mente esta impregnada de tu aroma.
Llevo el sabor de tu voz en cada sílaba.
Mis manos se entrelazan con las tuyas.

Llegaste a mí tal si fuera el elegido.
Jamás te abandonaré pues he entendido:
Que eres mía. Eres mi todo. Tú, poesía.

El asesino de la poesía

El asesino de la poesía nació un día
Impregnado de maldad, e inició
La tarea de erradicar la perfección
Hilvanada en sílabas.
El sol se cegó aterrado
Precipitándose al horizonte
Para esconder la luz.

El asesino buscó las voces poéticas
Entretejidas en el viento, pero
Encontró los feroces bufidos
Del huracán, batiéndolo
Con latigazos de lluvia florida;
Y las carcajadas de las nubes
Asestándole culatazos de relámpago.

El asesino buscó en los océanos cánticos
Armónicos de altas y bajas mareas,
Olas de arpa y gemir de sirenas.
El mar enfurecido lo expulsó como deshecho
Putrefacto en un Tsunami de desprecio.

El asesino buscó en la tierra el murmullo
De los árboles y susurros de
Las flores que arrullan el sueño
De las horas nocturnas.
Las fuerzas telúricas exaltadas
Provocando un terremoto,
Tragándose al enemigo
Hasta la sima del infierno.
Masticado entre sus muelas de lava,

El volcán lo vomitó como gene estéril.

El asesino buscó en las urbes,
Hizo alianza con los dictadores y
Otros perversos delincuentes.
Sus ojos tendieron el manto
De la sombra intolerante.
Acalló a algunos cantores y disidentes.
Se jactó de ser magnánimo e invencible.

Pero al asesino de la poesía,
En su manía persecutoria,
Le cayó la naturaleza encima.
El viento sin tregua lo apuñalaba,
El mar lo vapuleaba sin clemencia,
La tierra lo incrustó en las cavernas,
Los poetas lo pulverizaron como
Un terrón de arena.

El asesino ahora perseguido, sin destino,
Buscó refugio en el vacío.
El tiempo renegó de su presencia.
Inmóvil, desilusionado y falto de esperanza,
El asesino de la poesía, que se propuso
Un día destruir toda la belleza,
Se suicidó.

El índice

¿Qué haces tú allí dedo meñique,
Erguido en el aire como espinilla insignificante,
Presumiendo al vacío prendido de la taza?
¿Quién te crees segundando al pulgar, sacando
Los cuernos, fingiendo telefonear o beber?

Y tú, anular, inútil. ¿Portar anillo te hace importante?
No pasas de ser un numerillo entre el uno y el cinco.

Y tú, siendo el mayor, cordial, te jactas por majadero,
Levantas erecto las procacidades al viento, dedo culero,
Amante de la próstata. Sí, algún respeto te mereces por
Intimar con el clítoris y derretirlo en torrentes sacudidas.

Y tú, cómplice pulgar, delator que condenas la existencia
Con el sello de tu yema,
¿Qué otro papel juegas si no para aceptar, o denegar?
Mendigas el aventón, lambiscón.

Pero yo, yo soy el índice. El que mira al cielo:
El vínculo con el creador como lo ilustra el pintor.
Soy el número uno, el magnánimo, el divino egoísta.
Encarno la inteligencia cuando me planto en la sien.
Leo recorriendo los renglones a mis anchas.

Promuevo la vigilancia en cooperación con el ojo.
Soy el que censura poniendo pausa a los labios.
Soy el que obliga a escuchar al oído distraído.
Yo soy el dedo que niega, que acusa, que juzga, que condena.
Soy el dedo manipulador. Obligo al pulgar a
Ser cómplice de mis excentricidades cuando

Juntos desparramamos la excelencia. O cada vez
Que siento el impulso de fornicar, me acompaña.
O cuando aspiro a ser una pistola.

Sí, yo soy el dedo índice, el egocéntrico, el lector, el catador,
El observador, el opresor, el que impone, el que priva,
El que delata, el que dictamina, el que sentencia, que insulta
El que mangonea, que reprende, el gran adulterador.

Soy rastrero, fanfarrón, mierdero, maldito, genocida,
Yo soy el asesino hijo de puta, que jala del gatillo.

No entiendo lo que quieres

Te deslizaste en el vestido rojo
Porque en ti no existe el abismo
Entre el crepúsculo ni el alba.
Yo había eligido el azul que
Conjuga el celestial universo con tus ojos.
Pero el agobiante golpeteo
De tus frustrados sentimientos
Me apresó el entendimiento
Dejándome aturdido desde el principio.

Las arracadas plateadas evocarían
Las estrellas recién nacidas
Alumbrando tu cuello de luna.
Sin embargo, las argollas doradas,
Ondeándose locas me enmudecieron
Por su cinismo incongruente.

Tus pantorrillas fabulosas
Merecían las medias negras,
Tan sensuales, tan exóticas.
Aunque al final, las mallas
Traslúcidas me ganaron la partida.

Las zapatillas tenían que ser
Clásicas, igual que tu estatura
Esculpida en la mitología griega.
Una vez más mis deseos
Fueron una nube desierta.

Me debí haber dado cuenta
De tu mismo corte de pelo
De la semana anterior.
Pero ese error me impuso
La condena infinita
De ser imbécil y estúpido otra vez.

Y luego caía la pregunta como latigazo:
–¿Cómo me veo?

–Hermosa, hermosa como siempre.

– Tarde, respondes demasiado tarde.

No me quieres, no te importo,
Me ignoras, me desprecias.
No puedo más, no me entiendes.
Te empeñas en herirme.
¿Dónde dejas mi sentir?

–¿Cómo puedes decir eso, mi vida?
Yo te adoro, te idolatro.
Tú eres mi luna, mi sol y…
Todas esas cosas.
Sólo vivo por ti, para ti.

–¡Cállate! No necesito tus palabras huecas,
Ni tu mirada impúdica, ni tus caricias hipócritas.
Tampoco hacen falta tus muecas venenosas,
Ni tus alabanzas impregnadas de pesadilla.
No quiero regalos ni abrazos de ponzoña,
Ni que celebres mis platillos disecados.

Estoy desilucionada, estoy harta de tu cinismo.
Nunca me has comprendido, no has entendida nada.

–Entonces, ¿qué quieres? Dime.

–Ahhh! No lo puedo creer.
¿Quieres saber? ¿De veras, de veras?

–Sí.

–Limpia el baño, cabrón…

Tus lágrimas

Tus lágrimas son testimonio de injusticias milenarias.
Cada una clama vidas infructuosas debajo de la tierra.
Son interminables como ataques indiscriminados,
Como metrallas en contra de los niños.
Veo en tus ojos la soledad de años indescifrables,
Y el tormento de los pasos sin sentido.
Ayer seguía siendo el mismo camino;
Hoy imitamos lo vivido igual que la vileza del futuro.
Pero en tu llanto hay un retoño que duerme y espera
El alba, cuando el sol cobije la esperanza, e ilumine
Tu rostro de oro, sollozando lo perdido y anhelando
El palpitar de mis palabras. Porque detrás de tu lamento
Y tu melancolía, sabes muy bien que te amo.

Todo me recuerda a mis hijos

Hoy, todo me recuerda a mis hijos:
Una estrella lejana, sola, extinguida,
Una luna desconcertada, sin amar,
Una flor marchita, ahogada, mustia;
Una gota desprendida de su nube
Que jamás se convertirá en rocío ni
Frescura de un verano desencantado,
Un desierto desolado, muerto y frío,
Un sol fútil, tras el horizonte olvidado,
Un mar sin tregua, despiadado, fiero,
Un río errante, inerte, ajeno al cauce,
Un viento inhábil, callado e invisible,
Espuma desvanecida en un remolino,
Una civilización destrozada, las raíces
Deshilvanadas, el genocidio constante,
Pintura sin colores, una foto en blanco.
Hoy, todo me recuerda a mis hijos:
El infinito inmisericorde nos aleja,
Y el tiempo arrepticio no perdona.

La falsedad moderna

Ya no es flexible tu sonrisa
Como los crepúsculos azules que
Iluminan la naturaleza.
Tu sonrisa quedó estirada
Detrás de los horizontes, haciendo
Pausa como segundero inservible.

Tus labios son ahora
Una raya imperceptible entre
La nariz de fosas inconclusas y
La barbilla dividida en hemisferios.
Tu rostro perfecto que palpitaba
Guapura, sólo brilla, duro,
Como mañana que promete y calla.

Los implantes terrenales en tu pecho,
Inflados con diez mil dólares
De arena envenenada,
Se levantaron al cielo como los Himalaya:
Atractivos, fríos y peligrosos.
Y los pezones, ¡ah! Esos, esos…
Son dos lunitas vacías, como
Los ojos sin vida de los ciegos.

Tu estómago, nube
Que arrullaba mis arrobos,
Lo sedujo el bisturí.
Y bajo la sedante hipnosis,
Sangraste cincuenta mil dólares
Vaciando tu vientre renacentista,
Como arrancar yerba indeseable.
Lo veo plano, deformado,
Como bistec aplanado a palazos,
Como tabla incrustada en el tórax.

Tu figura de escaparate,
Ya no pertenece a tu andar plano.
Tus pies tercos quieren salirse de su cause,
Pero los retraen las rodillas indecisas
Que se esconden avergonzadas
Y se disfrazan entre zancos con sotanas floridas.

No sé ya cómo besarte ni acariciarte.
Me confunde tu falsedad moderna y
Te consumes como una estrella remota
Oculta en la noche.

La maté

Sí, yo la maté. No me arrepiento.
Lo hice con sigilo, sin despertar sospechas.
La asedié sin que lo notara el tiempo,
Con instinto felino, en el silencio
Imperturbable de una noche macabra.

No ataqué de inmediato como los caninos
Anunciándose feroces con sus ladridos y
Ahuyentando a su presa hasta que escapa.

Lo tomé con calma. La vigilaba.
Cada mañana la veía de lejos.
Y creo que ella me observaba, inmóvil, cautelosa.
De pronto desaparecía como parte de algún plan
Que entretejía cada noche, como autómata.
Se resguardaba campante en aquella esquina
Que reclamaba siempre suya.

Me repugnaba, no soportaba más.
Me lancé decidido a dar el golpe.
La acorralé en un acto de sorpresa.
Primero le corté las venas para debilitarla.
Intentó correr y diluirse entre las sombras,
Pero yo la arrastraba hasta a mí para torturarla.
Ella se retorcía desesperada.
Gritaba tal vez con voz ahogada.
De pronto me miró fija y quedó quieta,
Como ser inerte que finge su propia muerte

Cuando pretende bloquear los golpe irreverentes,
Nefastos, como mazazos que chocan contra el concreto.

Yo sabía que aún estaba viva, conocía sus
jugarretas.
Teniéndola a mi merced, aceleré el desenlace.

La maté.
La aplasté sin misericordia con mi huarache de llanta
inalámbrica.

Recuerdo sólo un crujido leve y resbaloso.
Ahí quedó la araña, estampada en el suelo,
Como escupitajo indeseable y huérfano.
Es que se lo merecía, ¿sabe?

Justicia

Este puñetazo va por las marcas
Negras, rojas, verdes, violetas,
Azules, moradas que me plasmaste
En la cara, en los brazos, en las piernas
En todo el cuerpo y en la conciencia.

Este puñetazo va por la humillación,
Las frases putrefactas; las miradas
lascivias, lujuriosas de los reos y los
Guardias en el trayecto a tu celda;
Las amenazas dirigidas a
Tus hijos marcando su destino.

Este puñetazo va por la sangre que ha
Derramado mi vientre, mis pulmones,
Mis manos suplicantes tratando de
Detenerte y no oír los gritos aterrados
De mis hijos buscando refugio
Acurrucados debajo de la cama.

Este codazo va por la saña en tus abusos.
Porque con tus arrogantes ademanes,
Me despojaste la esperanza, la libertad
De no sentirme avergonzada, culpable
De ser mujer de un homicida.

Va este rodillazo por las bofetadas
Que asestaste a mis hijos por nada.
Te maldigo por ser un ser vacío, por
Las cicatrices que me persiguen
Como sombras de luz en mis pestañas.

Van estas patadas por los veinte años
Sepultada bajo tu manto mortífero.
Ya no me asustan tus injurias, ni las
Armas creyéndote omnipotente.
Y ahora que te tengo aquí prendido
Del cabello como ramillete de cilantro,
He decidido liberarme y condenarte:
Desángrate allí en el suelo y púdrete.

La casa

Hoy volví a dormir en la casa en que crecí.
Me desperté y vi a mi madre deshilachando
Su vida a puntadas, desvencijándose a retazos,
Soportando los agujazos que le cocieron los ojos.

Vi a mi padre descascarando cacahuates.
La basura apilándose igual que los años vanos
Y los recuerdos convertidos en deshechos inútiles.
Los recogía para lanzarlos a la basura carcajeándose.

Vi a la abuela ondeando el palo de la escoba,
Amenazándonos por tocar sus macetas incultas.
La prohibición nos alimentaba el ánimo y corríamos
Con el brazo extendido cacheteando todas las plantas.

Vi el viejo granado triste en medio del patio,
Cansado de cargar tercos calzones de mujeres,
Que los tendían nublando sus ramas, secándolo.
Fue encorvándose sin remedio y murió desterrado.

Vi a mi tía Emilia, quien no visitaba la casa.
Nunca venía porque decían que era la intrusa,
Pero crió a sus cinco hijos siendo obrera, ella sola.
Aún así hacía tiempo para visitarme y consentirme.

Por el azar, ahora ella es dueña de la casa.
Con los ojos turbios concentrados en los míos,
Sonrió, pidió que me acercara, me susurró al oído:
–Te quiero mucho…– Y se me vino el mundo encima.

Mi ciudad

Hoy arribé al Valle del Anáhuac.
Los volcanes eternos, creadores,
Me hicieron reverencia dándome
La bienvenida: Tú nos perteneces,
Íntegro, estás en nuestras entrañas.
Las erupciones no expulsan al que
Se va. Los expandimos por el mundo:
Jóvenes cenizas, absorben sapiencia,
Luego regresan cultivados y dichosos
A canjear la erudición de los que, atrás,
Acarrean la tradición telúrica, ancestral.

Visité el Zócalo plantado en el origen,
Que Cortés decapitó de un solo tajo.
Son testigos las piedras monumentales
De todas las despiadadas masacres.
El Templo Mayor se erige vociferante:
No existirá fuerza que pueda sepultarme.

Visité Teotihuacán. Sus pirámides,
Nuestras tetas maternales, jóvenes,
Siempre frescas, lactantes, bullentes
De cultura, arquitectura, poesía pura.

Visité mi vieja escuelita primaria.
Donde no aprendí a leer ni a escribir.
Aprendí a pelear, también a robar,
Y, arriba, desde la ventana del salón,
Injuriar a los transeúntes que
Respondían con insultos coloridos,

Envueltos de amenazas bien
Dirigidas con el puño y el índice.

Me entró el odio por los números.
Y creo que desde entonces llevo la
Aritmética atragantada en el cogote.

No visité el mítico Tepeyac, donde
La virgen se le aparece a los indios
Y permite desaparezcan sus indios.

Visité familiares y viejos amigos.
Conocí primos que nunca había visto.

Mi gente, unos se han ido, otros están.
De ahí en fuera continúa todo igual.
Se mantiene joven, así es mi ciudad.

Todo por un diente

(A Zack)

He dejado de comer pepitas
Por culpa de un malcriado diente.
No arrullarán más a los incisivos
Centrales ni tampoco los molares
Con su seductor crac, crac, crac.
La dulce sal de su caparazón
Preñado los dejará afligidos,
Quedará un vacío sepulcral:
Que descanse en paz el diente.
¡Ay…, cómo te voy a extrañar!
Cinco décadas me acompañaste,
Demoliendo incertidumbre,
Calamidades insalubres,
Alimentos detestables,
Golosinas homicidas,
Testigo de infinitas groserías.
¡Oh…! Pero agotado y débil,
optó marcharse al abandono.
Y el muy infeliz se desmoronó
Entre las pinzas asesinas del
Dentista disfrazado de doctor.
Ahora mi salud corre peligro,
Porque ese ingrato traidor
Me ha dejado interrogante.
¿De dónde extraeré la acción
Alcalinizante que disminuye
Acidez en tejidos y en la sangre?
¿De dónde extraeré la fibra que

Combate los parásitos intestinales?
¿Cómo podré prevenir la diabetes?
Hay que saber que ese ovalito verde
Es un agente anti- inflamatorio.
Contiene insustituibles minerales:
Zinc, calcio, magnesio. Propiedades
Que previenen la vil osteoporosis.
Su gusto no empalaga, es seductor.
Alivia la ansiedad desgarradora.
Alivia la depresión insólita y fría.
Alivia el desconsiderado insomnio.
Contiene antioxidantes y es elíxir.
Fíjese que reduce el colesterol malo
Al igual que riesgo de cáncer.
Y todo por el desdichado diente,
Tendré que dejarlas, las pobres.
¿Ahora, qué queda, qué remedio?
Tendré que comer pistache…

El verdadero amor

Si verdaderamente me amas,
No me sepultes en un monte rapado;
Poblado de moscas y perros indigentes.
No quiero ser embalsamado, maquillado,
Cautivo de un ataúd último modelo.

¡Incinérame!

Celebra mi partida como una boda.
Que mi luna de miel sea un viaje
A través de paisajes dantescos:
Ser turista en las entrañas de las llamas;
Y alcanzar el paraíso entre tus manos.

Si verdaderamente me amas,
Transforma mis cenizas en pimienta para
Condimentar la cena.
Destílalas en un café para que cada sorbo
Les inunde la lengua de mis recuerdos,
Y me lleven prendido en las narices.

Disfrázame de azúcar
En un postre de tres leches,
En una auténtica capirotada,
En un chocolate con canela.

Si verdaderamente me amas,
Hiérveme en el pozole,
Mézclame en un pico de gallo,
Revuélveme con el guacamole,
Tritúrame en una salsa de molcajete,
Escóndeme en un relleno de huanzontles.

Honra por favor todos mis deseos:
Prepara un enorme cazo de mole
Como hacían los tatarabuelos.
Mis restos revivirán el antojo.
Cocina mil tamales,
Embarra mi ser en el centro,
Conviérteme en el núcleo palpitante
Vestido en camisa de maíz.

El amor no se almacena en la alacena;
No se exhibe en anaqueles ni estanterías,
No se guarda en los cajones, bajo la almohada,
Ni debajo de la cama.

Comparte mi adiós con todos;
Que me inhalen, que me beban,
Que me mastiquen y me desechen
Donde quieran. Sólo así sabré que
Verdaderamente me amas.

El Penny

He visto un Penny divagar entre los pasos del asfalto.
La frente en alto, arrogante, sin inmutarse un segundo.
Es un andariego empedernido. Es un puntito dorado
Más allá de las estrellas, desapercibido quizás.
Encarna la virtud de la paciencia. Mira, observa.
A veces nos da la espalda, duerme como si nada.
Sabe que su valor universal caerá en el bolsillo
Pasajero de algún transeúnte presto a rescatarlo.
Como viajero insaciable se alojará en una caja fuerte,
Se mecerá en la mano de un ama de casa, un gerente,
O un cliente que lo hundirá en una alcancía improvisada.

He visto un Penny vegetar con indigentes en la esquina.
Allí donde, quien se atreve, puede despistar con un guiño y
Dignarse a alzarlo y hasta proclamar su buena suerte.
En las transacciones, siempre hace falta un Penny;
O sobra como si lo clamara la superabundancia.
Por eso el señor barbado se desliza como el alba,
Disipa la ansiedad, la angustia, induce la sonrisa.

Se guía sin la ayuda de un mapa, sin dirección, sin destino fijo.
Reposa cuando le viene en gana. Se tira desnudo, se exhibe.
Es un vagabundo impúdico explorando las calles, las casas,
Los hoteles, aeropuertos, burdeles, cantinas, hospitales, escuelas.
Importa poco que lo ignoren porque sea un centésimo devaluado.

A veces deja hacerse el juguetito y lo manipulan todos.
Lo he visto aplastado entre las ruedas y los rieles del tren;
Colgando de los lóbulos de alguna bella mujer;
Pegado al esternón, como areolita prendida a una cadena;
Convertido en anillo o en logotipo en una camiseta;
Ahogado en el fondo de una fuente, resguardando falsos deseos;
Reproducido en obra de arte dentro de una galería.

El Penny vive en el inframundo sin perturbar a nadie.
Vive en las cofradías disfrazado de limosna.
Vive muerto de la risa en los bancos, inmovilizado
En camisas de fuerza igual que los lunáticos.
Vive como las nubes y llora cuando se derriba al
Vacío de una máquina que lo convierte en suma.
Vive como bacteria escondida en cifras inconclusas.
Vive para apropiarse de todas nuestras deudas.

El Penny vive, vive, es omnipresente.

Cicatrices

Se apilaron los años
Los recuerdos se han
Evaporado como
Nubes sin rumbo
Muy pronto llegó
La indiferencia
Luego el silencio
Al final el engaño

No hay imágenes
Sólo unas cicatrices
Punzan incesantes
Haciendo eco de
Tus falsas palabras
Que recolectaste
En el inframundo
Donde quedaste
Abrazada entre
Carroña genética

La botella

La botella está vacía.

Penetro en su interior,
Intento desmenuzar las causas.

Estoy en un encierro árido,
Hundido, ahogándome
En un mar de palabras huecas.

El mundo ha quedado inmóvil,
Desolado, como un cuerpo
Despojado de sus órganos.

Me encuentro en un desierto
Infestado de soledad, atrapado
Detrás de un cristal expugnable.

No escucho murmullos de
Burbujas que me saquen a flote.

Navego entre partículas distantes
Que rehúyen como corriente
Invisible y desalentada porque
Corren a agazaparse en su guarida.

El tiempo se mofa de su nombre,
Pisoteando los segundos que
Terminan rezagados, amartillados
Para siempre en el olvido.

Y así continúa firme, expoliando
El presente falso y miserable.

Avanzo en medio de las aguas
Turbias del fracaso necio.

Encuentro huellas que se pierden
En la superficie diáfana y voy.

Saco el cuello atormentado
Y respiro una pizca de esperanza
Renovadora, para que las
Palabras venideras canten
Solidarias, certeras, sin agonía.

La casa ya no está

La casa ya no está,
Es ahora una imagen demolida.
Se fue a mazazos entre memorias
Indescifrables.

El brasero que palpitaba en la cocina,
Se extinguió en cenizas fantasmales.

El granado calzonero se doblegó
En tristezas injustificadas.

Quedaron en sus entrañas
Las huellas permanentes de
La abuela correteando
Las plantas con su regadera en mano,
Espantando a los chiquillos juguetones
Como insectos imborrables.

Los tendederos turbios
Perturban la memoria.
La casa revoloteaba vaivenes
De huéspedes intermitentes
En su peregrinaje amnésico.

Ya no está el patio de ilusiones
Inundadas con voz de verano,
Cuando la lluvia contaba los pasos
De las generaciones santiagueras.

El cuarto de maquila envenenada,
Testigo indeleble de olimpiadas y mundiales,
Se llevó la sangre robada por las chinches
Incrustadas entre paredes de cascajo.

Los recintos añejos partieron
Para siempre igual que los hijos.
Sólo el mayor acabó sus días pelando cacahuates
En las tardes, convertido en escombros.

El bañito desnudo que un día se vistió de luz,
Acogedor de milicias imperturbables,
Volvió a hundirse en las tinieblas
Despojado de su historia.

El umbral soportó los años,
Como recuerdos recurrentes
Que surgen en reuniones familiares
Y luego se desvanecen.

Enmudeció el patio melancólico
Sin turbar su alegría secreta.

Se fue la casa, sin embargo,
Queda el porvenir.

Rayo de luz

En un guiño de nubes,
Un joven rayo de luz
Escapó, travieso.

Olvidó mirar atrás.
Se alejó en un destello,
Errando.

Visitó rincones remotos.
Iluminó caminos ciegos,
Desencantados.

El tiempo aleatorio,
Juguetón,
Desvió su trayecto.

Descubrió a los niños.
Cientos de niños, enjaulados.
Hijos de la guerra, perdidos,
Con los ojos crucificados,
Con cadenas en las neuronas.

Niños incrustados en
El amor vacío,
En el estrepitoso espacio negro
Del desprecio.

Sus voces ahogadas
Las anula el veneno
Infernal.
Su destino está muerto.

No existen sábanas
Dulces de música acuática.
Ni almohadas que cantan
Elegías de regazo.

El rayo de luz sufrió
Convulsiones nostálgicas,
Partieron las nubes
Para siempre
A su morada desértica.

Y el joven rayo de luz,
Con un guiño agradecido,
Se quedó a arrullar
Y dar calor a los niños.

Los niños

Desentierren a los niños.
No permitamos que las hormigas
Les pinchen los ojos.
Que nadie irrite su piel,
Inerte del gozo,
De las cosquillas de sus abuelos y
Caricias de amantes.
Maquillen sus caritas
Y el semblante luzca
Como porcelana florentina.
No permitamos que los reclamen la tumbas
Por delitos de guerra,
Infortunios del hambre
O naturaleza despiadada.
Nunca jugarán a las escondidas,
A las canicas, a los encantados,
Mas no quedarán en el olvido.
Serán nuestras flores
Relucientes en primavera,
Los caudalosos ríos,
Las lluvias veraniegas,
Las hojas coloridas en otoño,
La acogedora alegría en invierno.
Desentierren a los niños
Para que crezcan entre nosotros.

Gotas

Al principio, la lluvia me arrullaba.
Las gotas cantaban con notas maternales
Armonizando sueños remotos.
Sueños estériles en el vacío de la
Conciencia. Sueños prolongados
Propagando el repiquetear
Del suave susurro del agua aventurera.
El canto precipitado anunciaba el revivir
De las voces de miel con ecos de rocío.

Pero algunas gotas ingratas disintieron.
Amotinadas en un hueco minoritario
Revelaron su imprudencia en gritos caóticos.
Como clavos martillados golpeaban
La lámina fuera de mi ventana.
No encontré resguardo debajo de las sábanas;
Me cercenaban las neuronas inquietas.
Mis ojos se apretaban como puños furiosos,
Impotentes de anular la pesadilla.

¡Gotas idiotas! ¡No me dejan dormir!

Vino tinto

Vienne la nuit sonne l'heure Les jours s'en vont je demeure
(Guillaume Apollinaire)

Yo amo el vino tinto porque
Él es la sangre de la eternidad
Que corre entre las venas del tiempo.

Viene la alegría, suenan las copas,
Los días se van, el vino queda.

El vino tinto es la materia de la cual
El universo está hecho.
Todas las partículas del espacio
Son la esencia de la vida que
Los hombres beben en pequeños
Sorbos como la respiración.

Viene la alegría, suenan las copas,
Los días se van, el vino queda.

Amo el vino tinto porque la inmortalidad
Se encuentra en la tierra a la que
Nosotros pertenecemos, a la tierra
A la que nosotros retornamos.

Viene la alegría, suenan las copas,
Los días se van, el vino queda.

¡Viva el vino tinto!

III
El amor y sus obras

Dos fuerzas

A Miita, el amor de mi vida

Dos fuerzas convergen
Colmadas de pasiones,
Alineando sus órbitas
Como astros delirantes
En el verde confín del universo.
Se unen por la gravedad
Atávica de ansias enigmáticas,
Buscando libertad para
Derruir imposiciones
Arbitrarias, nimias, insensatas.
Van de la mano impulsados
Por la natura de sus voces,
La armonía de sus cuerpos,
La dulzura de la música,
La conexión profunda de
Desconocidos instintos.
Sus encuentros esporádicos
Son tan eternos como
Las palabras que se dicen
Quedándose en sus mentes
Que el tiempo suspende
En el placer de sus miradas.
La lejanía del horizonte,
Con su túnica dorada,
Enaltece la ternura de Miita,
Quien se aleja entre la magia
Para aparecer radiante como

El principio de la existencia.
Es la materia ininterrumpida,
Como pasión de amantes
Guiados por latidos de ilusiones
Compartidas, envueltas en dichas
Inolvidables, impregnadas en
La profundidad de sus entrañas.

Una noche

La luna se fijó en tu piel.
La iluminó con caricias de terciopelo,
Igual que el viento frota las hojas
En una noche de ensueño.

La luna honró tu dulzura de arrobo
Como la plasma un artista cuando
Sus ojos se detienen en trance
Para verte más de cerca y palparte.

La luna te recorrió orbitando
Tus caderas como en un baile
De diamantes que exalta gloria
Entre los brazos de tu amado.

La luna se fue lenta como es ella,
Dejando el recuerdo en tus ojos,
En tus labios de miel y en tus senos
Vivos como estrellas candentes.

La luna

Mira esa luna, dices.
Sí, ahí está, en cuarto menguante:
Pendiendo en el cosmos
Como hamaca encendida.
Sonríe igual que tú.
Desciende imperceptible en el horizonte.
Va tornándose dorada imitando tu cabello, y tu piel.
La música permea la noche
Y la brisa la transporta allá
Donde la luna nos otea, discreta.
Tus brazos adornan mis hombros.
Nuestros cuerpos se entrelazan
En la cadencia armónica de las congas
Y es uno el palpitar en nuestras venas.
La gente pasa. Admira la elegancia
De tus giros cuando expandes los brazos
Como ave suspendida en el espacio.
Tu cabello oscila hacia los puntos cardinales
Mientras la luna se refleja en el río.
Baila en el vaivén de la corriente.
La música se apaga.
La luna se sumerge.
El cielo está vacío.
Se fue la luna y nunca volverá, dices.
No, digo, la luna se queda en ti:
Está en tus ojos cada vez que me miras.

Una luz en el horizonte

Una luz de espejo se posó en el horizonte.
Los rayos del sol penetraban las nubes
Cayendo como cabello refulgente sobre
La espalda de una amada en el crepúsculo.

Desde la arena, una pareja contemplaba la escena.
Ella inhalaba la luz en tragos de paz y sosiego.
La brisa le acariciaba el rostro igual que las aves
Besando la cresta de las olas en la lejanía.

La luz la seducía como un sueño vivo.
Ella cerró los ojos y escuchaba
Los latidos del mar llamándola.

Él, a su lado, percibía el ritmo de las olas
Declarando dulces vocablos en la playa.
Se tornó a ella y le dijo:
Las olas dicen que son como los besos
Que nos damos: siempre diferentes.

Un encuentro

Los pájaros caóticos de plumaje blanco y negro,
Señalaron el sitio de nuestro encuentro
Bajo la sombra de un roble exquisito.
Sus terribles cantos ahuyentaron intrusos;
Luego volaron lejos dejándonos solos.

Fijamos la mirada; y con tu sonrisa
Dorada me hiciste flotar en el deseo.
Creo que permanecí hipnotizado
Mientras me ordenabas accionar
Peinándome con tus dedos.
Yo obedecía como la naturaleza
Pronunciando sus deseos.

La partida no fue triste ni abrupta:
Me llevé tu esencia en mis labios
Y tu dulzura entre mis dedos, hasta el próximo
Encuentro bajo el antiguo roble
Donde los pájaros esperan.

Tu pelo

Veo tu pelo en el atardecer
Expandiéndose como luminaria
Sobre tus hombros y tu espalda.
Nada disturba el ensueño.
El viento se detiene embelesado
Porque pretende saborear
Completa la miel de tu horizonte.
Las aves suspenden el vuelo
Como en los lienzos
Para admirar tu fulgor.
Las olas apaciguan su cantar,
Cabizbajas para reverenciarte.
El sol pausa canónico sólo
Por medirse a tu perenne finura.
No muy lejos, la luna otea
Celosa tu pureza infinita.
Y yo me arrodillo a contemplarte.

Tu voz

Tu voz es como el comienzo del universo.
Cada sílaba que va hilvanándose,
Llena el vacío de deleite.
Tus palabras son constelaciones.
Abrazan como enjambre la ilusión.
Escucharte es la vida renovada.
Tu risa es la expresión destellante
En todos los rincones.
Sin embargo, tu silencio se parece
A los agujeros negros devorando el tiempo.
Pero mientras tu eco reverbere,
Siempre habrá luz.

Tus palabras

Tus palabras me animan;
Son generadoras de ilusiones.

Las pronuncian tus ojos esmeralda
Fundidos en el arrobo de mis labios.

Nacen como flores prematuras en tu piel
Cuando repites versos susurrantes
Desde tus adentros.

Llegan reclamando los rayos solares
Que se posan en tu espalda y tu pelo
Se enaltece como oro esculpido.

Están en las yemas de mis dedos
Recorriendo tu cuerpo cobrizo,
De canela y porcelana.

Son dueñas de las tardes azules,
De las nubes silvestres que se
Desplazan como un beso incesante.

Las leo en los árboles que te añoran,
En las hojas que ríen contigo,
En el río de tus manos que me atrapan.

La luna nocturna las canta
En versos de ritmos sensuales
Cada jueves.

Están en los textos matutinos
Que despiertan la mañana
Como aves en las ramas.

Están presentes en mis sueños
Recordando los momentos
Memorables de nuestros encuentros.

Sin embargo, el silencio ha
Invadido mis sentidos y
Estoy perdido.

Las notas de mi guitarra
Permanecen estáticas
En el olvido.

Ya no escucho tus palabras;
Ha enmudecido la pantalla
Y agoniza la poesía.

El vestido blanco

En el vestido blanco brillas
Como la luna.
Eres una orquídea pura,
Inmaculada.
Caminas igual que un mural
Encendido.
Atrapas mis tiernas pupilas
Delirantes.
El tiempo ha perdido el rumbo
Insensato.
Tú eres el único astro
Palpitante.
Quiero tocarte y sentir que
Existo.
Pero eres de todos los seres
Inalcanzable.
Sin embargo, te sigo para
No dudar.
Y así saber que un día llegaré a juntarme
Contigo.

El vestido negro

El vestido negro es dueño de las teclas del piano;
Flota entre las notas de la clave y el tumbao.
Va y viene cadencioso como olas encantadas.
Sus giros cautivan las pupilas de los transeúntes
Que irrumpen en piropos deliciosos.

Se desplaza navegando en el compás de las trompetas,
Y el sublime arrobo de los violines.
En su trayecto de nubes, arrulla los timbales,
Acalla la campana y el vestido se desprende
En el retumbar de los tambores.

La mujer que lo porta,
deslumbra en su postura,
Su sonrisa diamantina,
Sus ojos de luna,
Su cabello al vuelo y sus brazos de diosa.

¡Qué mujer! ¡Qué mujer!

Tu espalda

Tu espalda me llama.
Las yemas de mis dedos
Se desbordan y encienden
Las llamas de tu piel dorada.
Tiemblas como las olas
Bajo el viento suave y
Me estremezco como
Nubes electrizantes.
Tus quejidos de diosa
Me derriten. Me rindo
Ante tu pureza y mi
Boca sube y baja hasta
Que la punta de mi lengua
Hace de las suyas.

Los higos mágicos

Cuando muerdes esos higos
Y salpican tus labios, tu lengua
Sensual los lame, seductora.

Tus ojos de esmeralda me
Hipnotizan y mi mente
Se hunde en tu mirada.

Tus manos me traen a tu boca y
Nuestras lenguas danzan con dulzura
Mientras el paladar vibra embebecido.

Los higos mágicos llegan uno tras otro
Como tus pezones cuando despiertan
Juguetones, coquetos, encantadores.

El sillón

En la oscuridad brillan tus pupilas
Igual que un felino colmado de lascivia.
Tendidos en el sillón te miro y sé que
No existe otro ente porque me llamas
A apagar el fuego de tu esencia.
Penetro la suavidad de tus labios
Que me abrazan comprimiéndome
El pene que empuja desesperado.
Tú lanzas quejidos de arrobo
Mientras explotas en un orgasmo
De galaxia viva en el firmamento.
La vida se alegra con tu rostro
Perfecto en la cúspide del clímax.
Tu pelo se convierte en luminaria
Que disipa la opacidad de la noche.
Reclinas el sillón con tu magia y tus
Ojos ordenan el dictamen de mi existencia.
Me hundo en tu boca como el sol
Para derretirme en ti toda la vida.

Sin título

Te he recorrido toda para encontrarte.
Fue una noche entre los ritmos sensuales,
Donde flotabas como luciérnaga solitaria.
Ahí naciste tú como escultura clásica.

Tu cabello áureo sobre tus hombros de miel,
Tus brazos de canela ondulando arrobados,
Tu frente de diosa inmaculada,
Tu nariz afinada de mármol, perfecta.

Los ojos esmeralda de felino hechicero
Permeando recovecos verdes en mi conciencia.
Los labios dulces envolviéndome todo,
Tu lengua enrollada en mi verga y tu sonrisa de luna.

Sólo pienso en tus manos que me atrapan,
En tus piernas olímpicas amarradas en mis nalgas,
En el calor incesante de tu vientre,
Y tus palabras que me empujan a tu clímax.

Es tu llamado que me inunda y me ahoga,
Voy con mi lengua desbordada a esculpirte,
Mi semen esparce el hambre en tu mirada
Y permanezco inseminado por siempre en ti.

The Lingerie

Te quitaste el vestido.
Lucías lingerie negro.
No fue un sueño.
Era la naturaleza
Ante mis ojos absortos
Recorriendo tu piel
De seda perfecta.
Tenía que tocarte,
Acariciarte como
Las olas se proyectan
En la arena, o el rocío
Seduce las hojas
Todas las mañanas.
Pero mis manos
Quedaron al margen;
Porque mi lengua
Se apoderó de tu piel
Y te arranqué el lingerie
Con los dientes hasta
Dejarte desnuda
Como fruta suculenta
Inmersa en el delirio.

Ese día

Al principio, tu mirada esmeralda
Cautivó la naturaleza.
Lucías como diosa dentro
El camisón negro
Y la tanga se disponía a dialogar
Entre las sábanas ignotas.
Tus labios exigentes susurraban
La canción del delirio.
Yo amagaba los segundos
Prolongándose en el recóndito
Ser de tus conmociones.
Las compuertas adormecidas
Por el olvido imprudente,
Inauguraron un torrente de
Lamentos telúricos incitados
Por mi fuerza conectada
A tus ojos reclamando la
Locura del creciente paraíso.
La intensidad no cesaba,
Tus orgasmos irrumpían como
El ir y venir de olas enfurecidas
Que suben y bajan en la marea
De náufragos deseos.
Creo que pediste clemencia
Ese día, pero yo entendí
Que siguiera, como renacer.

Hay una flor en el cielo

Cuando se abre la flor y me da su néctar divino,
Lo consumo y es mío el universo todo.
Subo arrobado al cielo, con los ángeles vuelo.

Tú me observas, omnipresente Diosa, tierna.
Noto que prendido en ti la vida es eterna.
En tu manantial no quiero saciar mi sed nunca.

Tu brazo extendido me reclama, me llama.
–Ven, acércate a mí, toma de esta poción.
Bebe, bebe, bebe… que me perteneces.

Dos diosas

Ellas dialogan conmigo
Y dicen que sufro un
Trastorno antiguo.
Es que ellas lo saben todo.
Me lo dicen,
Susurrándome al oído:
–Busca el secreto.
–¿Cuál es? Pregunto.
Pero me ahogan
Con su encanto.
Enmudezco más
Que el silencio.
Ellas me seducen,
No me dejan resollar.
Tengo el secreto,
repiten las dos.
Es constante.
Se vuelve eco y yo
Sigo, lo persigo
Perdido como un loco.
Desaparecen de pronto.
Luego las escucho:
Somos diosas, diosas,
Poseemos el secreto.
Ellas son dos lunas
Llenas, gemelas
En el firmamento.
Son hermosas,
Destellantes, puras.

Ellas son dos astros
Eternos, me hipnotizan
Con sus auras.
Hoy han venido
A mí. Me han vencido.
De rodillas ante ellas,
Ruego a las divinas
Diosas me revelen
El secreto, espero.
Se han ido, es injusto.
Pero me han dejado
El sabor que contiene
Ese secreto, lo escucho,
Claro, pleno, completo:
–Está en la miel, busca…

Una hoja

Esta hoja pequeñita en la palma de mi mano,
Tiene la dulzura de tus ojos almendrados,
Notas de algodón como tu piel y la trascendente
Luz del engendro cuando cae el sol.

La recogiste del suelo, del abandono hostil
A merced del atropello de eternos transeúntes.
Vive igual que los elementos, sin penas, sin quejas.
Es el oxígeno del tiempo.

Yo la ignoraba, como las lágrimas profundas:
Aquellas que hierben y se desvanecen entre
La incomprensión y la embriaguez de los años.
Pero ya no.

Ahora es mis sentidos. Es una mirada exótica,
Su piel me susurra encantadora,
Sabe a hembra en su clímax,
Es el grito de la vida, huele a siempre.

El árbol

Vi aquel árbol derramando sus hojas,
Tan solo.
Cada hoja, pensé, fue una palabra
Incompleta:
Un beso, una caricia, un abrazo en
El suelo.
Las ramas desnudas, cabizbajas, están
Mudas.
Creo que también me encuentro derramando
pesares.
O tal vez son lágrimas contenidas,
Encerradas.
Las veo caer invisibles para que no
Te enteres.
Las pisoteo inatento como las hojas
Del árbol.
Pero no quiero que queden inconclusas,
En el olvido.
Porque estar deshojado
Es desgarrador.

La célula

Soy una nimia celulita
Bajo el microscopio,
Posada en una platina.
No me acostumbro
A estar aquí, sola.
Una sustancia espesa
Me inunda íntegra
Y me mantiene viva.
Me hace temblar como
El escalofrío bramante
De la tierra cuando
Expulsa su fiereza.
Siento que me explotan
Las membranas y
El núcleo me ahoga.
Una luz se enciende
A mis espaldas
Envolviéndome toda.
Estoy expuesta,
Transparente, desnuda,
atrapada en una lámina
de rayos equis.
Unos ojos me miran:
Deslumbrantes,
Cautivadores,
Encantadores.
Llegan todos los días
Como una ola imponente
Dispuesta a romper

Mi ser insignificante.
Pero se detiene
Y me contempla.
Veo los destellos verdes
Y las pupilas negras
Dilatarse alegres.
Son seductores,
Electrizantes.
Me miro en ellas,
Eterno, palpitante.
Parpadean juguetonas,
Coquetas, desafiantes,
Como flash fotográfico
grabándolo en la memoria.
Luego se apagan, se alejan.
Una poderosa gravedad
Me arrastra ellos.
El estremecimiento
Me hace perder el sentido,
Siento que me parto
En dos, me divido.
Veo desprenderse de mí
Alma y espíritu, Dios mío,
He mutado, somos dos.
Grito alborozado a
Aquellos ojos: ¡Vengan, vean,
Una vida nueva han gestado!
Los ojos nunca volvieron.

Cualquier palabra

Cualquier palabra encapsula
Los avatares de nuestros periplos.
En un confinamiento espeluznante,
Cobrando vidas deterioradas,
Brota como un retoño inesperado.
Crece vislumbrando atardeceres
Dorados, esbozados en el cabello
De una hermosa mujer.
Es testigo de lunas sumergidas
En el río cadencioso de la música nocturna.
Se refleja en los atuendos de días
Soleados entre flores sonrientes.
Pasea en la arena donde esperan
Pequeñas conchas la ternura de
Unas manos femeninas.
Se sienta a la mesa a compartir
Conversasiones de todo y nada.
Es una mirada esmeralda que cautiva
Los sentidos como isla tropical.
Se posa en una fruta amarilla y
La lengua se rinde al sublime néctar.
Camina bajo las estrellas acompañando
A los amantes perdidos en el tiempo.
Saluda al sol cuando sus rayos
Adornan la piel vibrante de una mujer
Retozando en la cama,
O a la luna que otea indiscreta
Los apasionados besos de los dos.

En el intercambio de sus voces,
Persisten alegrías, risas, tristezas,
Y lloran sus desiluciones.
Pero cualquier palabra,
Es una memoria eterna.

Tu esencia

Llevo el aroma de tu esencia
Impregnado en los sentidos.
Es todas las imágenes, simultáneas,
Dentro de un núcleo convulsivo
Sin intervalos inútiles.
El universo cabe en un recuerdo,
En una palabra,
En una mirada,
En una caricia.
El presente escribe tu nombre,
El pasado lo sigue permanente
Como el río al mar; y se propaga
A los horizontes donde te posas
Transparente, llena de ilusiones,
Igual que tu piel viste el cielo de
Murales dorados, inolvidables.
En mi mente solo existe el verso:
Ese que me transporta a tus ojos
Felinos desafiando la oscuridad;
Aquellas sílabas encadenadas
En el ápice de mi lengua;
Esas órdenes impuestas a mis
Manos imantadas a tu piel;
Son las palabras que gimen
Tu sensualidad acompasada
Y el perfume abrasador que me
Me llama a la existencia.

¿Quién?

¿Quién te recordará el cielo sonriente?
¿Quién te mostrará las nubes grises y
alegres que flotan como los recuerdos;
igual que las nostálgicas caricias y
nuestros apasionados besos?
¿Quién estará a tu lado susurrándote
al oído lo que dicta el corazón cuando
libre derrama sus sentidos?
¿Quién escurrirá el viento sobre tu piel
silbándole a las hojas nuestros secretos?
¿Quién desmantelará la lluvia que
consumimos a sorbos en el jarro de
nuestros corazones?
¿Quién te llevará a los rincones prohibidos
donde te sientes en casa?
¿Quién compartirá las dudas de nuestra
existencia ingrata?
¿Quién te transportará a la libertad de ser
tú y sólo tú?
Quién te dirá: qué bello día es hoy, ¿verdad?
Quién plasmará estas palabras: Te pareces
al sol porque despiertas cada mañana.
¿Quién?

Everything is Normal

I
Our daily bread

Sweatshop USA

Each sonnet is a man

One

He pushed the pedal well, relentless,
but, Ouch! forgot to pull his hand.
His pride muted the scream, bland.
A smell rose from the deepness.

The skin, burned, a foulness:
–I take it like the man I am, offhand
he said *–we come to work my man*
restrains his pain. I remain wordless.

The pant's pleat proved to be
too short; I just did it slower, not lazy.
In my steam iron, nothing of me.

I played it smarter. He tried to rush.
Wanted me to work like crazy
And his hand turned to mush.

Two

Coarse fabric lay strewn on the floor.
I, on the forklift, held my hands
announcing: the load is not a man's,
easy does it, so goes the day.

Though Sabino, too young, I pray,
Precociously scolds, commands:
–*We're here to work,* he demands
trying to lift a load in rush, away.

Trying to do it too fast
his back cracked in a blast.
One shoulder stayed put,
the other fell.

Today he's hunched,
an outcast his hold on the job was not to last
in the end, substituted in a spell.

Three

The dyed fabric zigzagged
between steam cylinders, steaming.
Cold, it went up, and returned scorching.
A cord, carefully tied

served as a bridge, as it might
if broken, could be disconcerting;
and to fix it wasn't discerning.
So I stayed away, to avoid the smite.

A foolish man was the one who fell.
As in the greatest punishment,
condemned, he ended in hell.

Barbequed alive among his contingents.
A horrific scream, an awful yell.
Witnesses all, were we to his lament.

Four

The bar, well fastened to the chain,
up it went with the pulley, balancing.
The roll was heavy, it could be seen.
Carelessness could be great pain.

I did it slow and without shame.
No matter, the same was our earning.
He'd planned it purposely, hastening
to impress the boss, and Joe and Jane.

Surely, on the day the bar slipped,
(the day's work was lost, almost)
as a missile it flipped.

His head suffered the most.
From then and on,
he quippedhis forehead was toast.

Five

The rolls of fiber slid
raw, in the scarlet mixture.
To the man in charge:
his tasks, a fixture;
yet to prudence, he did no heed.

Relief from a hangover he pleaded,
an inch more and he's gone for sure:
It took an arm, not a pretty picture.
Falling and shocked, on the wood he skidded.

His eyes void and motionless.
For his sons the man was shouting.
His voice evoked his distress.

And, even as the scene was troubling
the man upstairs was earless,
and the very next day, he was laboring.

Eleven Million

Your cross and virulent microbes,
your wild, abominable brains,
dragged down millenarian civilizations.
There were eleven million, eleven.

Fate had you annihilate populations,
assassins, their tool of choice
to discard them, leaving no trace.
There were eleven million, eleven.

Extirpating their language and roots,
your cowardly bullying mutilated spirits,
uprooting them with chain and whip.
There were eleven million, eleven.

Vetting the builders of your rails,
you enacted sinister and abhorrent laws,
corralling them as an unwanted mass.
There were eleven million, eleven.

Your ominous gasses and hellish ovens,
are transparent proof of vile designs,
transforming beings to uncontaminated ash.
There were eleven million, eleven.

My menacing neighbor, remitted to shame,
rounding them up, stripped them of their means.
A pair of nuclear bursts reminded us of who you are.
Eleven million died, eleven.

Two wars and you raised triumphant.
You carved the road, exploited the vanquished,
leaving a trail of truncated futures.
There eleven million, eleven.

Today your invasions persist, relentless,
corporate armor, your shield,
a paradise of death without restrain.
Millions they have been, eleven.

The people ran from the executioner.
Five centuries of irons and tourniquets,
a road to extinction, a horrid fate.
There are eleven million, eleven.

Today, new shoulders, backs and arms arise
for you to chain, flog, jail, and kill.
You cannot hide any longer, face it.
There are eleven million, eleven.

These work with ethics and loyalty, always
which you, arrogantly, plan to eradicate.
How many fathers, boys and girls will you evict?
There are eleven million, eleven.

Eulogy for Miroslava

ASSASSIN!

You silenced one more mind
the ink will flow no more
like you did with her blood
but the work will follow you:

Tattooed on your forehead
in all languages
in all dictionaries
it points at you, accusingly:

Eight bullets muted her voice
but the word explodes like
the roaring of a volcano that
calls you by name, Satan's henchman:

You flee and hide, you reptile
but the word haunts you
each day, each hour, each minute
and will not rest until it finds you:

A whistleblower you claim to have killed
but we are all her kinship
and we will keep on writing
that is why WE condemn you:

She will be your shadow
She will be your executioner
She who condemns you
She, named Miroslava:

She is the word
She is the voice
She is the truth
She is the one who calls you:

ASSASSIN! ASSASIN! ASSASIN!

The eyes of the Somali Woman

The eyes of the Somali woman
are twins to famine.
They are hopeless eyes,
dehydrated as the earth
that thirsty, absorbs them.
They watch the filthy spirits
barbarian, allergic to gluten.

They watch the cynical faces
of gluttonous carnivores.
They do not condemn the arrogant
vegetarians,
nor the vainglorious vegans.

The eyes of the Somali woman
are twins to famine,
disillusioned eyes,
unreconciled like
shredded hearts.
They do not judge the wealthy
wasteful and unscrupulous.

They watch the insolent faces
who snub the stew.
They watch the garbage pilling up
enormous food mountains.
They do not condemn those who discard it
neither the ones who scorn every bite.

The eyes of the Somali woman
are twins to famine.
Empty eyes like rivers
banished from their course.
They do not demand charity, handouts
nor insipid pontiff's prayers.

They watch the repugnant looks
of those who pity her.
They watch those compassionate faces
piling up doing nothing.
They do not curse human rapacity
nor questions such huge vileness.

The eyes of the Somali woman
are twins to famine.
They are disconnected eyes, lightless
like two nonexistent stars.
Claiming no feelings,
irrational, hollow words,
invalid, rotten, poisonous.
They look over people's eyes,
distrustful, void of love.
They see other people's eyes
fake, lustful.

The eyes of the Somali woman
are twins to famine.
They are universal, eternal,
like two blinding suns.

They do not beg misericord,
Nor false magnanimities.
They watch anxiously the arrival
of death, that takes so long.
Watch without sobbing, without moaning.

And you, with everything, claim you are
wanting.
For God's sake!
Do not whine! Do not complain!

Today, Everything is Fashionable, Except Poetry

Today, everything is fashionable, except poetry
Fashionable is politics, always simmering
as one of Nature's elements.
Fashionable are dirty politics, the plutocrat, the fraudulent,
radical politics, the extreme right, the nationalists,
the utopian, the chaotic, the politics of fear.

Fashionable is the religion, owner of souls,
that deafens and drowns reasoning.
Fashionable is the religion of hate, of extermination.
The blind religion, the interventionists,
the occupier, of complicity, of lies, of omission.

Fashionable is war, the only incurable disease.
Fashionable is the war against terrorism,
the war against drugs, the dirty war,
war against corruption, against truth,
war against poverty, war against women,
war against education, contamination,
discrimination, racism, and freedom of expression.

Fashionable are feminicides, whose silence prevails, as if meaningless.
Fashionable is domestic abuse, its torture,
state assassinations, police brutality,
the disappeared, political prisoners,
the migrants, the refugees, the exiles,
the uprooted, the undocumented, the deported.

Fashionable are the pedophiles, with the Vatican's blessing.
The pedophiliacs, the homophobes, the xenophobia,
the misogyny, sexual harassment.

Fashionable is exploitation, tax evasion,
the fiscal paradises, electoral frauds,
bulletless coup d'états, territorial invasions,
ethnic cleansings, the suicide bombings.

Fashionable is Global Warming, and End of Times omens.
Fashionable are tsunamis, earthquakes,
forests fires, and hurricanes,
flooding, and landslides,
oil spills, and fracking.

Fashionable are Millennium walls,
destined to become archeological zones.
Fashionable are kilometrical walls, electrical walls,
double walls, threatening walls,
unscrupulous walls, invisible walls,
and gated communities.

Fashionable are social movements,
displayed like Olympic Games or World Cups.
Fashionable is feminism, civil rights,
the anti-arms race, ecology, the works, the occupy,
the anti-globalization, and Black Lives Matter movements.

Fashionable are the recyclable dictatorships, like toilet paper.
Fashionable are the democratic dictatorships, the monarchical ones,
the oligarchical, the communist, the fascist,

the capitalistic, the neoliberal, the corporatist,
the partisan, and the fundamentalistic.
Fashionable are our addictions like a divine canopy.
Fashionable is the addiction to heroin, the addiction to cocaine,
the addiction to nicotine, addiction to narcotics,
the addiction to alcohol, the addiction to touch screens,
the addiction to social networks.

Fashionable are the massacres that have become the news of the day.
Fashionable are massacres of workers, of farm workers, of miners.
Fashionable are massacres of indigenous people,
of dissidents, of students, of teachers, intellectuals, of poets.

Today, everything is fashionable, except poetry

Wholesale

Come in, come in, ma'am,
we have your merchandise at wholesale prices.
Come in, come in, ma'am,
everything is on sale.

Look at these that are beheaded, their necks like
red tight petal's flower, palpitant.
They are better looking like this, don't you think?
They don't need their head; they became like that in a
headless society, like a worm without a homeland.

Observe these riddled with bullets at point blank.
The holes are not flattering,
but in one of them we can see the remote human rage.
Through this miniscule, little hole, life vanished,
like poking a balloon that flies without fortune.

Have you seen the drowned? They are fresh, recently arrived.
Aren't they real chubby and cute?
They are smiling pillows eager to hug you.
They also look like teddy bears.
Sometimes they disintegrate in little eruptions.

Ah…! Take a look, the asphyxiated, with stille eyes.
I ask myself what was the image of their last spoken vowel.
If it was left suspended in their throat the same as their look.
Maybe it is the replica of all the joy of a complete life;
or the bitter farewell that memory cannot turn off.

Over here, these are the mutilated. Most of them are women that no one claims.

Looks as if they had been forgotten like cheap accessories.
They ask about them but we only have dismembered bodies,
decorated with shoes, socks, some scars from remote memories;
they constantly arrive tied with rope like disposable wood.

These are the hanged, their tongues lolling, yelling resistance.
Look at their solemn and purple expression. They have come down to redeem their destinyin
the inert time, enthroned in the sad branches, like tiny leaves that fall
to the ground to nourish the inexplicable memory of the fictitious once upon a time.

Please see and admire the burned. I don't know exactly where their desperation is.
They show it in their eyes, it's a muted scream, it is a retracted hand,
bottomless hair, the bones clinging to silence, the pose of their action,
The insipid color, the rigidness of their end, the impotence, the accelerated ashes.

These are the lynched; all varied: there are the caned like bottomless piñatas,
the stabbed like a blind sacrifice, the stoned with multiplied fury,
the kicked like accurate penalties in a game that no one ever misses.

These piles are reserved to the disappeared: the vanished.
Snatched from the entrails of the intent that surfaced one time in the desert of change.
Pictures of who they were, are left sometimes; with your purchase, we give them to you free.
Take them as homage to those scattered who fell in any place to make sure
they don't wander around tormented and can rest in peace, can rest in peace.
They won't remain in oblivion; they will always be reborn among the debris of every beat.

Come in, ma'am, take your deceased, come in.

Serpents and Crocodiles

My ancestors built an empire
from an islet entrails
decreed by the God:
fleeting sorcerer of the hecatomb.

Nourished from ruthless serpents
and thirsty eagles' vigor.
They conquered land of majestic cactus
with horizons of gold embedded in its veins
and the sky emanating incandescent silver,
like an imposing New Moon.

The bloodthirsty invaders buried the history
with cold steel crucifix.
Blood stopped being sacred
and the chains extinguished the dream.

They erected walls of depraved cassocks
harbored behind sacred indescribable nightmares.
But the slaving creed vanishes
and the new sun arises with its own light.

Another false prophet emerges hungry as a spider,
weaving medieval tangles,
spitting poisoned fury,
vomiting random vileness.

The insane puppet proclaims an infinite moat,
putrid teeth crocodiles will infest it
alongside colorful serpents like streamers on sale.

The serpents belong to us.
We are the gods of the serpent.
We are the gods of the cactus.
We are the gods of the heavenly bodies.
We are all the gods.

The centuries won't stop us.
Our guides are the loud guffaws,
product of a perennial inebriation
of fearing the eternal, wandering boogeyman,
of copper skin and transparent syllables,
clamoring for the land of the living pores
over deposits of hidden feathers.

It is the serpent's hour;
divinity awakens.
The lord of the millennium
crosses the continent:
three thousand florid kilometers
with the obsidian raised
demands the ancestral embryo.

Massacres

Another massacre emerged yesterday,
Like spontaneous sprouts in Spring,
So natural in their origins,
Propagating in macabre orbits.
Sometimes they announce themselves
In green stampedes wrapped in leaded capsules.
Some, cautious, fall as hail to
Silence the landscape of blood.
Or they dress up as rain and, discreet, encompass the distance.
They are invisible. There is no one guarding them.
They appear in the fields piled up
In infertile branches.
They are scattered in bundles across the horizon.
Wars don't have the monopoly anymore.
They have reached their independence
From the bombs, the gases, and the flames.
They are now kid's amusement.
Like jumping over an anthill,
Squashing cockroaches and worms,
Hanging adversaries in the avenues,
Dismembering colleagues in slow motion,
Butchering women for sport,
Break into the nights of misery,
Playing tag with a fifty caliber,
And lie back unashamed
To contemplate the pleasant dream of the clouds.

The Teacher

Everything collapsed:
The soldiers arrived.
They massacred everybody,
The children, too.

They were laughing and celebrating
As if playing videogames.
Then they sat like
They do at home
To play cards.

They were waiting for
The rebel teacher to arrive.
The one who dared
To defy the antieducation reform.

He stood in front of them
And was blunt:
Kill me if you have honor.
Because tomorrow
The traitor will die.

But they wanted him alive
To humiliate him,
To set an example,
Because he had revolted.

They silenced a voice,
But not the cry.
It remained alive
Like an active volcano,
Roaring, tirelessly.

The Police Man

The policeman's face with hard cheekbones appeared.
He lowered a severe eyebrow, pointing the other one towards the sky
Like wanting to intimidate a mischievous child.
He brought his thumb and index to his chin
Scrutinizing me from head to toe, confused.

Surely, he was troubled by my imposing figure,
Which dared to defy his infantile, tiny brain,
Incapable of distinguishing between crime and coitus.
He stood in front of me with his arms looking like handles,
Because that is how the insolent authority terrifies others.

He attempted to grab his gun, eyes fixed,
Cold and hollow like a mountain deprived of its entrails.
He was a blue being with deceptive investiture,
An assassin with the putrefied taste for killing
And making it home with another souvenir in his conscience.

He finally asked with a false and defecated voice:
What are you doing? My pants hugging my ankles,
With an erection of yesterday, sad and uncovered,
I told him roaring, like ejaculating with fury,
Can't you see? I'm making love, you son of a bitch.

The Dream Will Never Die

Millions have tried; millions have died.
Those who survive are set to triumph.

We're born to explore; it's all one world.
The path is long. There's no return.

People move on, they carry on,
Some have to flee; some have to escape

The past has shown what we'll expect:
The present's cruel and full of hate.

Yet, no one seems to understand that
We're searching for a better life.

We'll never stop, and that's a fact.
We'll always keep the dream alive.

Woman's Cry

The blows worsen without shame.
Only her cry discharges
Among clouds of powder.
There the children are left,
Forgotten instantly.
She is tired of procreating soldiers
Drowned in oil.
Her destiny was cursed,
Like a fulfilled prophesy.
Today she is defenseless,
Captive and alone.
The aggressor will extract her eyes
Without clemency;
So she won't be witness of the pillaging.
He will extract her teeth, and one by one
Will reveal inexhaustible riches.
He will strip her fingernails
So she can scratch her pain
With her own blood.
Her disposed head will remain
Immersed in the mud of poverty.
Her extremities will set sail
Towards the boundaries of the empire
To return and eat away her living scars.
The vital organs will remain exposed
And will be the plunder of the intruders,
scavengers of mines.
I thought the outrage had been relegated
To the ancient history books;

Or that it was a recycled nightmare.
But the executioner was already at the door
To inflict another, new thrust.
Dispossessed and mutilated once again,
She splits off, cries ripped up…
She, our America, eternal woman,
Our mother, our sister,
She is the eternal abused. But she grips,
Because her heart continues latent and
Cries, cries, cries…

Peace

Peace confuses me.
So many symbols,
So many characters
That clamor for it.

War breaks out
In front of our noses.
Exploitation overwhelms.
The illustrious mandataries
Show their fangs
And destroy at their pleasure.

Women keep falling
Like leaves adrift
Trampled in muddy blood.

The children stroll headless.
Their lungs exploding overflowed
Among falsified images.

Hunger plays hide and seek,
It shows playfully its swollen cheeks,
Like poisonous chocolate.

Yoga dresses up in silk,
Hides its organic contortions
In child-like contemplation.

The lime virgins rule the disillusions.
They cry their misfortunes, chained
To the altars, behind hesitant flames.

At night, the mosquitos sing their
Discord in the ears.

The dogs dance with the devil
The moon's dance.
Some drunk breaks another bottle.

The swallows arise the dawn
Becoming hoarse on purpose.

The tamales man appropriates the morning;
Hawks dozens of green, red tamales.

Traffic bottles the pulse.
The brain bubbles like lava.

And the woman of my dreams,
Always scares away my nap.

Peace confuses me.

The Spiders

Modern dictators are spiders.
I hate spiders; let's eradicate them.
They are grotesque, repugnant, hurtful.
They are Satan's henchmen.
They drag themselves in filth,
Claiming the wall like suicide stains,
Flying unnoticed like
Clouds out of orbit. I ask:
What is their destiny? What is their purpose?
Would it be a despicable deed conceived in
A military encampment?
They monitor us from their hideout
Like disposable, tiny drones.
They are everywhere, stalking;
Spreading horrific terror when
They keep watch and remain still.
They weave their poisonous web in secret
To pounce in their game.
They have sequestered our voices.
We are trapped in their webs,
We are shuttering captives.

The spiders have kidnaped freedom;
The spiders have besieged freedom.

The spiders suck our blood drop by drop.
The chains of silence link together
And the invisible torture asphyxiates us.

Freedom vanishes between oil wars
And infinite walls.

It is imperative to rescue freedom.
The spiders are not freedom's masters.

Let's invade their hideouts,
Remove them and burn them in the sun.
Let them go back to their evil caverns
Made of defecated ashes.

Let's declare war against them,
Kill them without pity,
Combating them till the end.

Spiders don't resist cannon shots
From a vacuum or a millennial shoe.

Let them be another impregnated stain
On the ground again, and have them go
To the emptiness of oblivion.

Freedom deserves it.
Freedom demands it.
Let spiders become extinct.

Mexico, lovely Mexico

You execute your women.
The last one was found
Hanged from a telephone booth.
They fall like a downpour.
The streets are flooded with death.
There is no refuge for them;
Harassed with a knife in their back
By perverse assassins that
Slit their hopeless marrow.
The Virgin contemplates undaunted.
The mariachi celebrates the sanctified mothers
and,
In each note, the voice that condemns them
resounds:

Life is worthless

It vanished from the beginning.
And they, trapped in the spyhole of
Their eternal pain, parade to their abode:
Quartered one, butchered the other,
Or shut, stabbed, strangled, slit,
Burned, tortured, hanged, raped,
Hammered, punctured, kicked…
The voices rise and cry out, there are many.
But the Lord doesn't care about them.
He enjoys the florid wars.

Long live Mexico!

My lovely Mexico

Land of corn and feminicides.
Where Malinche opened her arms to Cortez;
Where the Virgin conquered the Indians and
Closed the doors to Sor Juana.
Land of the agave and the disappeared.
Land of the cactus and the exiled.
Land of pyramids and the sacrificed.

There is no place like Mexico

Crazy Moon

The moon is not silent. It is loud.
It laughs out loud when it sees us dancing
On a placid river bank or
Among the multitude at a carnival.
Our golden walks through
The streets flooded by murals
And blinking flowers bowing
To your hair of poppies.
It rejoices in our walk on the beach
Where it signals the abyss
Beyond the horizon in flames.
Sometimes it is sad for the schizophrenic
Political actions that vomit
The putrefied vileness in their genes.
It does not comprehend the lust from
The obstinate that enjoys the pain from
The children in cages.
It does not comprehend the exiled orphan
That stopped existing behind the wall.

II
Reflections, Nostalgia, Philosophy…

Young and Old

I am not elderly,
not even an old man.
I am just like you: an awakening,
A beginning.

We are light from a new sun
caressing the soul, penetrating it.
Time that leaves no trace.
We are the reunion of two births,
emerging the one, emerging the other.

Today we walk. I slow. You in haste.
I am not digressing, but continuing on.
Let us both go forward forging a destiny,
journeying towards the unknown.

From you today I taste life's sweetness;
you are the bee that brightens the flower.
They are our joy, happiness and pleasure,
for they never die, always eternal.

Go on, run ahead as the rivers do,
travel the valleys, sweeten the lakes;
keep the evils hidden in the mountains;
dance with the sea's divine rhythm that ascends
to the heavens; let the crystalline gold forever flow.

Though we'll part ways, together we'll be everything,
we will encompass time, space.

You will find traces of an ancient empire,
the foundations that you embody:
pillars heralding new hopes.

You will bear witness to the same struggles,
the same injustices, the same heartaches,
dirty war and massive distresses.
You will hear false promises demagogues,
despair, and the deafening, everlasting
reverberation of a million vile lies.

The telluric palpitation from Mother Earth,
overwhelmed by sorrow, will sing her frightening
song: terrible earthquakes, roaring:
furious volcanoes, exploding;
insatiable tsunamis, rumbling;
unpredictable hurricanes, devastating.

Meditate for an instant, only a moment,
nothing is unusual, it's all identical.

Memories are all that remain, like the stars
Brilliant sometimes in a moonless night.
Listen to the echoes of our past:
of those experiences you will bear witness.
My father said it. And so did my grandfather.

Before I depart, my son, one thing
I'm going to ask you, leave an eternal legacy:
Respect… respect… respect.

Praise to Poetry

I thought I had conquered poetry.
But no, you conquered me when
you emerged, you, immaculate poetry.

I intuit now why your golden hair
gleams your Venus' silhouette
surfacing from the oscillating waves.

The green iris of your eyes envelops me all
like the sky envelops the stars.
It is your skin that fires my entrails.

Your silky lips, your velvety mouth,
absorb me like a precipitated cascade.
And I fall in the void brimming with happiness.

My mind is impregnated with your aroma.
I carry the taste of your voice in each syllable.
My hands intertwine with your hands.

You came to me as if I was the chosen one.
I will never abandon you because I've understood:
That you are mine. You are my all. You, poetry.

Poetry's Assassin

Poetry's assassin was borne one day
impregnated with malice, and initiated
the task of eradicating perfection
gathered in syllables.
The sun was blinded, terrified,
precipitating in the horizon
to hide its light.

The assassin searched the poetic voices
interwoven in the wind, but
it found the ferocious hurricanes
snarling, pounding him,
with florid rains whippings;
and the clouds' laughter
blowing with the riffle's butts
lightening.

The assassin searched harmonious
poetic compositions in high
and low tides, waves of harps
and sirens' moans.
The infuriated sea expelled him
like a putrefied waste in a
Tsunami of contempt.

The assassin searched in the soil.
The trees rustling and the flowers
whispering that sing to sleep
the nocturn hours.

The exalted telluric forces
provoking an earthquake,
devouring the enemy
to the depths of hell.
Masticating between the molars of lava,
the volcano vomited him like a sterile gene.

The assassin searched in the metropolis,
he made alliances with dictators and
other perverse delinquents.
His eyes stretched the mantles
intolerant shadow.
He silenced some singers and dissidents.
He bragged of being magnanimous and
invincible.

But the poetry's assassin,
in his prosecutor's fixation,
nature fell heavily on him.
The wind stabbed him without truce;
the sea slaughtered him without clemency;
Earth embedded him in the caverns
the poets pulverized him like
A clod of sand.

The assassin prosecuted now, without destiny,
searched for refuge in the abyss.
Time repudiated his presence.
Immobile, disillusioned and lacking hope,
the poetry's assassin, that one day decided
to destroy the entire beauty,
committed suicide.

The Index

What are you doing there, pinky,
sticking upwards like an insignificant zit,
presuming to the void, holding on the cup?
Who do you think you are, seconding the thumb,
raising horns, feigning to phone or drink?

And you, ring one, useless. Wearing a jewel makes you important?
You are no more than a mere number between one and five.

And you, being the middle one, cordially, boast for your harassing,
raising precocities to the winds, wimpy finger, prostate lover.
Yes, some respect you deserve as you intimate with
the clitoris, melting it in torrid spasms.

And you thumb, accomplice, snitch condemning existences
with the seal of your fingertip. What other role do you play,
if not to accept or deny? Beggar of the ride, suck-up.

Yet I, I am the Index. The one that looks up to the sky:
the link between the Creator, as the painter showed us.
I am Number One, the magnanimous, the egotist divine.
I embody intelligence when I touch the temple.
I read traversing lines at ease.
Promote vigilance in cooperation with the eye.
I am the censurer, sealing the pause on the lips.
I'm the one that forces listening on the distracted ear.
I am the finger that denies, accuses, judges, condemns.
I am the finger-manipulator. I force the thumb to be
my accomplice of my eccentricities when, together,

we dispense excellence. Or whenever I feel the urge
to fornicate, accompanies me. Or as I yearn to be a pistol.

Yes, I am the index finger, the egocentric, the reader, the taster,
the observant, the oppressor, the imposer, the depriver,
the tattletale, that dictates, who sentences, that insults,
who bosses, reprimands, the adulterer.

I am ignominious, boastful, asshole, damned, genocide,
I am the assassin sonofabitch that pulls the trigger.

I Do Not Understand What You Want

You slid into the red dress
because for you there's no abyss
between twilight and sunrise.
I had chosen the blue one, that combines
the celestial universe with your eyes.

But the stifling hammering
of your frustrated feelings
imprisoned my reasoning
knocking me out from the start.

The silver hooped earrings would evoke
new-born stars shedding light on your
moonlike neck. Nevertheless, the Golden
rings, waving madly, muted me
with their incongruent cynicism.

Your fabulous calves deserved those black tights,
so sensual, so exotic. Though in the end the
translucid stockings won me over.

The shoes had to be classic, like your height
sculpted in the Greek mythology.
Once more my desires were a deserted cloud.
I should have realized your haircut was the same
as last weeks. But that error earned me
the infinite condemnation of being imbecile
and stupid once again.

Then the question hit like a whip: how do I look?
Beautiful, beautiful as always.

Too long, you took too long to answer.
You don't love me, you don't care,
you ignore me, despise me.
I can't stand it any longer;
you don't understand me.
You strive to hurt me. Where do you place me feelings?

How can you say that my love?
I adore you; I idolize you.
You're my moon, my sun and…
All those things. I live because of you, for you.

Hush! I have no use for hollow words,
nor for your lewd stare, nor your hypocritical caresses.
Neither your poisonous grimaces,
nor your praises impregnated with nightmares.
I want neither your poisonous hugs or gifts,
nor celebrating my dried appetizers.
I am disillusioned, fed up with your cynicism.
You've never understood me, never understood a thing.

Then, what is it that you want? Tell me.
Ahhh! I can't believe it. Do you want to know?
Really, really?
Yes.
Clean the bathroom, you bastard…

Your Tears

Your tears are testimony of uncountable injustices.
Each one clamours for fruitless lives underneath the earth.
They are endless like indiscriminate attacks,
like shrapnel against the children.
I see in your eyes the solitude of indecipherable years,
and the torment of senseless steps.
Yesterday kept being the same road;
today we imitate what we've lived
same as the future vileness.
But in your weeping, there is a sprout that sleeps and awaits
the dawn, when the sun shelters hope,
and illuminates your golden countenance,
sobbing what's lost and longing for the palpitating
of your words. Because behind your lament
and your melancholy, you know damn well that I love you.

Everything Reminds Me of My Children

Today, everything reminds me of my children:
A distant star, alone, extinguished,
A bewildered moon, not being loved,
A withered flower, suffocated, gloomy;
A drop detached from its cloud
That will never become dew nor
Freshness of a disenchanted Summer,
A desolated desert, dead and cold,
A futile sun, behind the forgotten horizon,
A sea without truce, merciless, fierce,
A wandering river, inert, foreign to its flow,
An incapable wind, silent and invisible,
Conceited foam in a whirlpool,
A destroyed society, the roots
Disjointed, the constant genocide,
Paint without colors, a blank picture.
Today, everything reminds me of my children:
The merciless infinite moves us away,
And the evil time does not forgive.

False Modernity

Your smile is no longer flexiblelike
the blue twilight that
illuminates nature.
Your smile remains stretched
behind the horizons, making
pause like a useless second hand.

Your lips are now
an imperceptible line between
the nose of inconclusive nostrils and
the chin divided in hemispheres.
Your perfect face that palpitated
prettiness, only shines, hard,
like morning that promises and remains still.

The earthly implants in your breasts,
inflated with ten thousand dollars
of poisonous sand,
lifted themselves towards the sky like the Himalayas:
attractive, cold and dangerous.
And the nipples, ah! Those, those…

They are two empty, tiny moons,
like the blind's lifeless eyes.

Your stomach, cloud that
lulled me to sleep,
was seduced by the scalpel.
And under the sedative hypnosis,

you bled fifty thousand dollars
emptying your renaissance belly,
like pulling undesirable weeds.
I see it flat, deformed,
like a stake flattened with blows,
like an embedded board in the thorax.

Your store window figure,
does not belong to your flat walking.
Your stubborn feet want to leave their course,
but are retracted by indecisive knees
that hide ashamed and dress up
with stilts and florid robes.

I don't know how to kiss you and caress you.
Your false modernity confuses me and
you are consumed like a remote star
hidden in the night.

I killed her

Yes, I killed her. I don't regret it.
I did it with stealth, without arousing suspicions.
I besieged her without time noticing,
With feline instinct, in the imperturbable
Silence of a macabre night.

I did not attack immediately like canines do
Ferociously announcing themselves, barking
And frightening their prey away till it escapes.

I took my time. I kept watch on her.
Each morning I saw her from afar.
And I think she observed me, immobile, cautious.

Suddenly she disappeared like part of some plan That
she interweaved each night, like an automaton.
She sheltered happily in that corner
She had claimed as always hers.

She was repugnant. I could no longer stand her.
I pounced on her to strike.
I cornered her in an act of surprise.
I slashed her veins first to debilitate her.
She attempted to run and become diluted among the shadows,
But I dragged her towards me to torture her.
She writhed desperately.
She screamed perhaps with a drowned voice.
Suddenly she fixed her eyes on me and remained still,
Like an inert being that fakes its own death
When it intends to block the irreverent blows,
Ill-fated, like mullets crashing against the concrete.

I knew she was still alive. I knew her dirty tricks.
Having her at my mercy, I accelerated the denouement.

I killed her.
I stepped on her without compassion, with my huarache
Made from wireless tires.

I just remember a brief and slippery creak.
There remained the spider, smeared upon the floor,
Like an undesirable and orphan gob of spit.

She deserved it you know?

Justice

This punch is for the black,
Red, green, violet, blue,
Purple marks you inflicted on me
On my face, arms, legs,
On my entire body and my conscience.

This punch is for the humiliation,
The putrefied phrases; the lascivious
Looks, lecherous from the prisoners and
The guards on route to your cell;
The threats directed at your children
Marking their destiny.

This punch is for the blood that
My entrails have shed, my lungs,
My pleading hands trying to
Stop you and you not hearing the terrifying
Screams from your children searching for
Shelter curled up beneath the bed.

This elbow is for your abusive rage.
Because with your arrogant look,
You stripped my hope, the freedom
Of not feeling ashamed, guilty of
Being a murderer's wife.

This knee is for slapping
Our children for nothing.
I curse you for being an empty being,
For the scars that chase me like
Shadows of light on my eyelashes.

These kicks are for the twenty years
Buried under your lethal mantle.
Your insults don't scare me anymore,
Nor your arms that make you feel omnipotent.
And now that I have you here fastened
By the hair like a bunch of cilantro,
I have decided to liberate myself and condemn you:
Bleed to death on the floor and rot.

The House

Today I slept again in the house I was born in.
I woke up and saw my mother unraveling
Her life a stitch at a time, loosening herself in pieces,
Bearing the pin pricks that baked her eyes.

I saw my father peeling peanuts.
The trash piling up the same as the futile years
And the memories transformed into useless waste.
He picked them up threw them into the trash laughing.

I saw my grandma waving the broom stick,
Threatening us for touching her uncultured potted plants.
The prohibition fed our spirit and we ran
With our arms extended slapping all the plants.

I saw the old, sad pomegranate tree in the middle of the patio,
Holding stubborn panties,
Hung on its branches, clouding it, drying it, bending it over.
In the end, tired and without help, it died, unforgiven.

I saw my aunt Emilia, who did not visit the house,
Who never went because rumor had it that she was an intruder,
But she raised five children as a factory worker, all by herself.
Even then she made the time to visit and spoil me.

Frivolously, now, she owns the house.
With her turbid eyes concentrated on mine,
She smiled, asked me to come closer and whispered in my ear:
"I love you…" And the world came crumbling down.

My City

Today I arrived to the Valley of Anahuac.
The eternal volcanoes, creators,
Bowing, welcoming me: You belong to us,
Whole, you are part of our entrails.
The eruptions don't expel the one who leaves.
We spread them around the world:
Young ashes, absorb knowledge,
To return cultured and fortunate and
Redeem the erudition from those left behind,
Who carry the ancestral, telluric tradition.

I visited the Zocalo planted in the origin
That Cortez decapitated with one slash.
The monumental stones are witness
Of all the despicable massacres.
Templo Mayor raises screaming:
There won't exist a force that can bury me.

I visited Teotihuacan. Its pyramids,
Our maternal breasts, young,
Always fresh, lactating, boiling
With culture, architecture, pure poetry.

I visited my old elementary school,
Where I did not learn how to read or write.
I learned to fight, also to steal,
And, upstairs, from the classroom window,
I learned to insult the pedestrians that
Responded with colorful vulgarities,
Wrapped with threats well directed at us
With a fist and the index finger.

I learned to hate numbers.
And I think that since then math
Has been choking me.

I did not visit the mythical Tepeyac,
Where the Virgin appeared to the Indians
And allows them to disappear.

I visited family and friends.
I met cousins I had never seen.

My people, some have gone, some remain,
Other than that, everything is the same.
That is my city, still young.

Because of a Tooth

(To Zack)

I have stopped eating pumpkin sedes
Because of a naughty tooth.
They won't whisper sweet nothings
To the central incisors nor the molars
With their seductive crack, crack, crack.
The sweet salt on their pregnant shells,
Will leave them heartbroken,
A sepulchral abyss will remain:
Let the tooth rest in peace.
Oh! How I will miss you!
You accompanied me five decades,
Demolishing uncertainty,
Unhealthy calamities,
Despicable food,
Murdereous candy,
Witness to endless vulgarities.
Oh…! But exhausted and weak,
You opted for leaving and abandonment.
And collapsed miserably
Between the assassin forceps of a
Dentist dressed as doctor.
Now my health is in danger,
Because you, ungrateful traitor
Have left me questioning.
How would I extract from the
Alkalinized action that lowers
Acidity in tissue and blood?
Where would I extract from the fiber

That fights intestinal parasites?
How could I prevent diabetes?
We must know that the little Green
Oval is an anti- inflammatory agent.
It contains irreplaceable minerals:
Zinc, calcium, magnesium.
Properties that prevent the vile osteoporosis.
Its flavor does not tire you out, it is seductive.
It alleviates the heartbreaking anxiety.
It alleviates the cold and incredible depression.
It alleviates the inconsiderate insomnia.
It contains antitoxins and it is elixir.
It reduces bad cholesterol and
Lowers the risks of getting cancer.
And because of you, ungrateful tooth,
I will have to leave them, the poor pumpkin seeds alone.
Now, what's left, what can I do?
I will have to eat pistachios…

True Love

If you truly love me,
Do not bury me in a dried mount;
Populated by flies and homeless dogs.
I don't want to be embalmed, embellished,
Captivated in a top model coffin.

Incinerate me!

Celebrate my departure like a wedding.
Let my honeymoon be a trip
Through Dantesque landscapes:
Be a tourist in entrails flames;
And reach paradise holding your hands.

If you truly love me,
Turn my ashes into pepper
To season dinner.
Brew them in coffee so that in every sip
Floods their tongues with memories of me,
And I am fixed and carried in their noses.

Dress me up as sugar
In a Tres Leches bread pudding,
In an authentic capirotada,
In hot chocolate with cinnamon.

If you truly love me,
Boil me in pozole,
Toss me in a pico de gallo,
Mix me with guacamole,
Grind me in a molcajete sauce,
Hide me in a huanzontle stuffing.

Please honor all my wishes:
Prepare an enormous mole casserole
Like my great-great grandparents did.
My remains will revive the cravings.
Cook a thousand tamales,
Put my being in the center,
Make me the palpitating nucleus
Dressed in a corn husk shirt.

Love is not stored in the pantry;
It is not displayed on shelves or bookcases,
It is not placed in drawers, underneath the pillow,
Nor under the bed.

Share my departure with everyone;
Let then inhale me, let them drink me,
Let them chew me and defecate me
Wherever they please. Only then will I know that
You truly love me.

The Penny

I've seen the penny wandering among asphalt steps,
Head high, arrogant, without being perturbed for a second.
It's a restless unregenerate. It is a golden point
Beyond the stars, maybe unperceived.
It embodies the virtue of patience. It looks, observes.
Sometimes it turns its back, sleeps obliviously.
It knows that its universal value will land in a
Passenger's pocket of some pedestrian ready to rescue it.
Like an insatiable traveler, it will stay in a safe,
It will rock on a homemaker's or manager's,
Or a client who will sink it in an improvised piggy bank.

I've seen a Penny vegetate with the homeless at the street corner.
There, where those who dares, could mislead anyone with a wink and
Deign to pick it up and proclaim good luck.
In transactions, a Penny is always needed;
But is useless as if it accumulates to a superabundance.
That is why the bearded man slides like dawn,
Dispels anxiety, anguish, induces laughter.

It guides itself without the help of a map, without direction,
Without a fixed destiny. It rests when it feels like it.
It lays down naked, exhibiting itself.
It is a shameless vagabond exploring the streets, the houses,
The hotels, airports, brothels, bars, hospitals, schools…
Where it can be ignored for being a devaluated cent.

At times, it lends itself to become a toy that everyone manipulates it.
I've seen it flattened between the rails and the train wheels;
Hung from the earlobes of a beautiful woman;

Attached to the sternum, like a little areola fixed to a chain;
Transformed into a ring or a logotype on a shirt;
Drowned at the bottom of a fountain, protecting false wishes;
Reproduced as a work of art in a gallery.

The Penny lives in the underworld without perturbing anyone.
It lives in the brotherhood dressed up as charity.
It lives laughing to death in the banks, immobile
In straightjackets same as those lunatics.
It lives like the clouds and cries when it drops into the
Abyss of a machine that converts it into a sum.
It lives as hidden bacteria in inconclusive numbers.
It lives to appropriate all of our debts.
The Penny lives and lives, omnipresent.

Scars

The years piled up
The memories have
Evaporated like
Clouds without direction
Very soon indifference
Arrived
Then silence
And finally deception

There are no images
Only scars
It throbs incessantly
Echoing your
False words
That you collected
In the underworld
Where you stayed
Embraced among
Genetic riffraff

The Bottle

The bottle is empty.

I enter its interior,
I intend to scrutinize the causes.

I am in an arid seclusion,
Sunken, drowning
In a sea of hollow words.

The world has remained still,
Desolate, like a body
Bereft of its organs.

I find myself in a desert
Infested with solitude, trapped
Behind an expungable glass.

I don't hear the murmur of
Bubbles bringing me to the surface.

I navigate among distant particles
Avoiding me like an invisible and
Disheartened current, because they
Run to crouch in their hideout.

Time mocks its own name,
Stepping on the seconds that
Remain behind, nailed
Forever in oblivion.

And thus, it continues, resolute,
Plundering the false and miserable present.

I advance amidst the turbid water,
The stubborn failure.

I find traces that disappear
On the crystalline surface and I go.

I pull my tormented neck out
And breathe a renewed pinch of hope.
Renewed. So future words sing,
Caring, accurate, without agony.

The House is Gone

The house is no longer there,
It is now a demolished image.
It is gone among indecipherable sledgehammer
Memories.

The brazier that palpitated in the kitchen,
Was extinguished in phantasmal ashes.

The pomegranate holding panties was vanquished
In unjustified sadness.

Left in its entrails are the eternal tracks
Of grandma running with a bucket
On her hand, watering her plants,
Frightening the playful children away
Like indelible insects.

The turbid clothesline
Perturbs the memory.
The house fluttered with
Intermittent guests
On their amnestic pilgrimage.

The patio of illusions flooded
With summer voice is gone,
When the rain would sing the
Footsteps of generations from Santiago.

The poisoned maquila room,
Indelible witness of Olympiads and World Cups,
Carried the blood stolen by bed bugs
Embedded in rubble walls.

The old sites left forever
As do the children.
Only the eldest, turned into debris,
Spent his days peeling peanuts in the afternoons.

The small bare bathroom that
One day wore light,
Welcoming imperturbable militias,
Drowned once again in the dark
Bereft of its history.

The threshold stood the years,
Like recurrent memories
Emerging during family reunions
And then vanished.

The melancholic patio fell silent
Without disturbing the secret happiness.

The house is gone; nevertheless,
The future remains.

Ray of light

In a blink of clouds,
A young ray of light
Escaped, mischievous.

It forgot to look back.
It moved away in a sparkle,
Roving.

It visited remote places.
It illuminated blind roads,
Disenchanted.

Fortuitous time,
Playful,
Diverted its trajectory.

It discovered the kids.
Hundreds of kids, encaged.
Sons of war, lost,
With their eyes crucified,
With their neurons chained.

Kids embedded in
Empty love,
In the deafening black space
Of contempt.

Its drowned voices
Are annulled by the infernal
Venom.
Its destiny is dead.

Sweet blankets of acoustic
Music do not exist.
Neither do pillows that sing
Elegies on a lap.

The ray of light suffered
Nostalgic convulsions,
The clouds departed
Forever to their deserted home.

The young sun ray,
With an appreciated blink,
Remained to lull to sleep
And give warmth to the kids.

The Children

Exhume the children.
Let's not allow ants
To poke their eyes.
No one should irritate their skin,
Inert from pleasure,
The tickling from their grandparents and
Their lover's caresses.
Put make up on their little faces
And let their countenances look
Like Florentine porcelain.
Let's not allow their graves to claim them
For war crimes,
Misfortunes of hunger,
Or merciless nature.
They may never play hide and seek,
Marbles, nor tag,
But they will never be forgotten.
They will be our flowers
Shining in Spring,
Our fast-flowing rivers,
Our Summer rains,
Our colorful leaves in Fall,
Our warm Winter happiness.
Exhume the children
So they can grow among us.

Drops

At the beginning, the rain lulled me to sleep.
The drops sung with maternal notes
Harmonizing remote dreams.
Sterile dreams in the conscience of the abyss.
Prolonged dreams propagating the tapping
Of the adventurous water's soft whispering.
The precipitated singing announced the renewal
Of sweet voices with echoes of dew.

But some ungrateful drops dissented.
Revolting in a minority hole,
They revealed their imprudence with chaotic screams,
Like hammered nails tapping the sheet outside my window.
I did not find shelter under the sheets;
They slitted my restless neurons.
My eyes tightened like furious fists,
Impotent from annulling the nightmare.

Stupid drops! They don't let me sleep!

Red Wine

Vienne a nuit sonne l'heure Les jours s'en vont je demeure
(Guillaume Apollinaire)

I love red wine because
It is the blood of eternity
That runs thru the veins of time.

Comes the joy, sound the glasses,
The days go by, wine remains.

Red wine, it is the matter of which
The universe is made.
All the particles in the space
Are the essence of life.
Men drink in little sips
Like respiration.

Comes the joy, sound the glasses,
the days go by, wine remains.

I love red wine because immortality
Is found on the earth that we stand on,
On the earth we were born,
To the earth we will return.

Joy comes, tinkling of glasses,
Days are gone, wine remains.

Long live red wine!

III
Love and its manifestations

Two Forces

To Miita, the love of my life.

Two forces converge
Full of passion,
Aligning their orbits
Like delirious stars
In the green edge of the universe.
They connect by the atavistic
Gravity of enigmatic longings,
Searching for liberty to
Demolish arbitrary, trivial,
Senseless impositions.
Holding hands, they walk
Driven by the nature of
Their voices, the harmony of
Their bodies, the sweetness of
The music, the deep connection
Of unknown instincts.
Their sporadic encounters
Are as eternal as the words
They exchange, remaining
In their minds, which time
Suspends in the enjoinment
of their eyes.
The distant horizon,
With its golden tunic,
Exalts Miita's sweetness
Who moves away, among
The magic to reappear radiant

Like the beginning of existence.
It is the uninterrupted matter,

Like lover's passion guided by
Beats of shared illusions,
Enveloped in unforgettable joy,
Impregnated within the depth
Of their innermost being.

A Night

The moon affixed to your skin,
Illuminated it with velvety caresses,
Just as the wind rubs the leaves
In a night of fantasy.

Night honored your blissful sweetness
Like an artist captures it
When his eyes stop, entranced
To see you close and touches you.

The moon went through your
Orbiting hips like in a dance
Of diamonds exalting
The glory in your lover's arms.

The moon slowly left like herself,
Leaving the memory of your eyes
In your lips of honey and your living
Breasts like incandescent stars.

The Moon

Look at that moon, you say.
Yes, it's there, in its waning quarter:
Dangling in the cosmos
Like a glowing hammock.
It smiles just likc you.
Imperceptible, it descends into the horizon,
Turning golden, imitating your hair, and your skin.
Music permeates the night
And the breeze transports it there
Where the moon discreetly glimpses us.
Your arms decorate my shoulders.
Our bodies are interlaced
In the harmonic cadence of the congas,
Making a single throb in our veins.
People walk by. They admire the elegance
Of your turns as you expand your arms
Like a bird suspended in space.
Your hair oscillates towards all the cardinal points
While the moon shines on the river,
Dancing in the current's sway.
The music fades.
The moon immerses.
The sky is empty.
The moon is gone and it's never coming back, you say.
No, I say, the moon remains inside you:
It is in your eyes every time you look at me.

A Light on the Horizon

A mirror light posed itself on the horizon.
The sunrays penetrating the clouds
Falling like splendid hair on the back
Of a beloved woman in the twilight.

From the sand, a couple contemplated the scene.
She inhaled the light, sipping peace and calm.
The breeze caressed her face like the birds
Kissing the waves crest in the distance.

The light seduced her like a live dream.
She closed her eyes and listened to
The beating of the ocean calling her.

By her side, he perceived the wave's rhythm
Declaring sweet words on the beach.
He turned to her and said:
The waves say they're like the kisses
We give each other: Always different.

An Encounter

The chaotic birds of black and white plumaje
Indicated the place of our encounter
Below an oak's exquisite shade.
Their terrible chirps chased away intruders;
Before they flew far away leaving us alone.

We locked our eyes, and with your golden
Smile you made me float in desire.
I think I remained hypnotized
While you ordered me to act,
Combing my hair with your fingers.
I complied like nature
Pronouncing its wishes.

The departure was neither sad nor abrupt:
I took your full essence in my lips
And your sweetness between my fingers,
Till the next encounter under the old oak
Where the birds await.

Your Hair

I see your hair at dusk
Expanding like flames
Over your back and your shoulders.
Nothing disturbs the illusion.
The wind stops, entranced,
Hoping to taste the total
Sweetness of your horizon.
The birds suspend their flight
As they do on a canvas
To admire your brightness.
The waves cease their singing,
Crestfallen to revere you.
The sun pauses canonical just
To measure against your eternal fineness.
Not far, the jealous moon
watches from above your infinite purity.
And I kneel to contemplate you.

Your Voice

Your voice is like the beginning of the universe.
Each syllable linked together
Fills the void with delight.
Your words are constellations.
They, like a swarm, embrace the illusion.
Listening to you is life renewed.
Your laugh is the sparking expression
In every hidden corner.
However, your silence resembles
Black holes devouring time.
But while your echo reverberates,
There will always be light.

Your Words

Your words encourage me;
They are the generator of illusions.

Your emerald eyes pronounce them
Molten in the ecstasy of my lips.

They are born like premature flowers on your skin
When you repeat whispering verses
From your intimacy.

They arrive demanding the sunrays,
Which settle on your back exalting your hair
Like sculpted gold.

They are on my fingertips
Running along your bronzed,
Cinnamon, porcelain body.

They own the blue evenings,
The wild clouds that
Move like an unceasing kiss.

I read them in the trees that long for you,
In the leaves that laugh with you,
In the river of your hands that capture me.

The nocturn moon sings them
In rhythmical, sensual verses
Each Thursday.

They are in the early texts
That wake up the mornings
Like birds on branches.

They are present in my dreams
Remembering the memorable
Moments of our encounters.

But silence has invaded
My senses and now
I'm lost.
The notes in my guitar

Remain static
Into oblivion.

I no longer hear your words;
The screen has fallen silent
And poetry is dying.

The White Dress

In the white dress you shine
Like the moon.
You are a pure orchid,
Immaculate.
You walk just like a lit
Mural.
You trap my naïve, delirious
Pupils.
Time has lost its senseless
Course.
You are the only pulsating
Star.
I want to touch you and feel that
I exist.
But you are, of all beings,
Unattainable.
Nevertheless, I follow you to
Not doubt.
And know, that one day, I will be
With you.

The Black Dress

The black dress owns the piano keys;
It floats among the clave's notes and the tumbao.
It comes and goes rhythmical like waves.
Its turns, captivating the passer's-by pupils
That burst in flattering comments.

It navigates by the trumpet beat,
And the sublime ecstasy of the violins.
Its trajectory of clouds sings to sleep the kettledrums,
It quiets the cowbell and the dress detaches
To the resounding drums.

The woman who wears it
Dazzles in her posture,
Her diamond- like smile,
Her moon- like eyes,
Her flying hair and goddess arms.

What a woman! What a woman!

Your Back

Your back calls me.
My fingertips turn on
And run over your
Golden skin with flames.
You tremble like waves
Under a soft wind and
I shake like electrifying clouds.
Your goddess-like moans melt me.
I surrender before your purity and
My mouth travels up and down
Till the tip of my tongue
Does its thing.

The Magical Figs

When you bite those figs
And they splash your lips, your sensual
Tongue licks them, seductively.

Your emerald eyes
Hypnotize me and my mind
Submerges into your gaze.

Your hands bring me to your mouth and
Our tongues sweetly dance
While our palates vibrate, captivated.

The magical figs come one after the other
Like your nipples waking up playfully,
Flirtatious, enchanting.

The Armchair

In the darkness your eyes shine
As a feline full of lasciviousness.
Stretched out in the armchair
I see you and know no other
Being exists because you call me
To extinguish the fire in your essence.
I penetrate the softness of your labia
That embraces me and squeezes my
Penis which desperate pushes.
You launch groans of ecstasy
While exploding in a galactic orgasm
Alive in the firmament.
Life is pleased with your perfect face
On the summit of your climax.
Your hair lights up which
Dissipates the opacity of the night.
You recline into the armchair with your magic
And your eyes give the ruling of my existence.
I submerge in your mouth like the sun
To melt inside you forever.

Untitled

I have touched you all over to find you.
It was a night among sensual rhythms,
Where you were floating like a firefly.
There, you were born like a classic sculpture.

Your golden hair over your honeyed shoulders,
Your cinnamon arms undulating blissfully,
Your immaculate goddess forehead,
Your fine marble nose.

The enchanting, feline emerald eyes
Permeating the green nooks in my conscience.
The sweet lips sucking all of me,
Your moon-like smile and your tongue wrapped on my dick.

I only think of your hands grabbing me,
Your Olympic legs tying me up
In the incessant warmth of your womb,
And your words shoving me to your climax.

It is your call that inundates and drowns me,
I go with my overflowed tongue to sculpt you,
My semen spreads the hunger in your eyes
And I remain inseminated in you forever.

The Lingerie

You got undressed.
You were wearing
A black lingerie.
It wasn't a dream;
It was nature before
My absorbed eyes
Looking over your
Perfect silky skin.
I had to touch you,
Caress you like
The waves print
Themselves on the sand,
Or the dew seduce the leaves
Every morning.
But my hands were
Left marginalized;
Because my tongue
Took over your skin
And I stripped the lingerie
With my teeth until
You were naked
Like a succulent fruit
Immersed in delirium.

That Day

At the beginning, your emerald look
Captivated nature.
You were shining like a Goddess in
Your black nightgown,
And the G-string preparing to converse
Between the secretive sheets.
Your demanding lips whispering
The delirious song.
I stopped and started again and again
Prolonging the seconds
In the unexplored being
Of your convulsions.
The dormant floodgates
Caused by the reckless oblivion,
Initiated a torrent of
Telluric moans incited
By my vigor connected
To your eyes, claiming the
Madness of the growing paradise.
The intensity didn't stop,
Your orgasms were bursting like
The coming and going of furious
Waves that go up and down
With the tide of abandoned desires.
I think you asked for mercy that day,
But I understood to continue,
Like being reborn.

There is a flower in the sky

When a flower opens up, offering me its divine nectar,
I consume it and the universe is mine, wholly.
I ascend enraptured to heaven; with angels I fly.

You observe me, tender and omnipresent goddess.
I note: with you, life is eternal.
In your spring my thirst is never quenched.

Your outstretched arm claims me, it calls me.
"Come, near to me, take of this potion.
Drink, drink, drink… you belong to me."

Two Goddesses

They converse with me,
They say I suffer from
An ancient disorder.

They know it all.
They tell me,
Whispering in my ear:
"Search for the secret."
"What is it?" I ask.

But they suffocate me
With their charm.
Silencing me, more
Than silence itself.

They seduce me.
Now I cannot breathe.
"I hold the secret,"
They both repeat.

It's constant.
It turns into an echo and I
Follow and pursue,
Mad as a mad man.

Suddenly vanishing,
I then hear them:
"We are goddesses, goddesses.
We possess the secret."

They are two full moons,
Twins in the firmament,
Beautiful, sparkling, and pure.

They are two stars, eternal;
They hypnotize me
With their auras.

Today they come to me.
I am defeated:
On my knees before them.
I pray to the divine goddesses.

To reveal their secret. I wait.

They depart, it is not just.
But they leave with me
The taste that contains the secret.
I hear it, clear, plain, complete:
"It's in the honey, search for it…"

A Leaf

This little leaf on the palm of my hand
Has the sweetness of your almond eyes,
Notes of cotton like your skin, and the transcendent
Light of conception when the sun sets.

You picked it up from the ground, from the hostile
Abandonment at the mercy of eternal pedestrians.
It lives as the elements, with no shame, no resentment.
It is the oxygen of time.

I used to ignore it, like the deepest tears:
Those that boil and vanish between incomprehension
And the inebriation carried by the years.
Not anymore.

Now it is my senses. It is an exotic look,
Its skin whispers to me, enchanting,
It tastes as a woman in her climax,
It is the cry of life; it smells as the years.

The Tree

I saw the tree shedding its leaves,
Alone.
Each leaf, I thought, was an incomplete
Word:
A kiss, a caress, a hug
On the ground.
The bared branches, crestfallen, are
Muted.
I think that I too am shedding
Sorrows.
Or maybe they are encapsulated tears,
Shut in.
I see them falling, invisible so that you
Don't notice.
I step on them inattentively like the tree
Leaves.
But I don't want them to remain inconclusive,
In oblivion.
Because being leafless
Is heartbreaking.

The Cell

I'm but a minuscule cell
Under a microscope
Sitting on a slide.
I cannot get used
To being here, alone.

A dense substance
Floods me;
It keeps me alive.

It makes me tremble
Like the roaring shudder
Of the earth when
It expels its ferocity.

I feel my membranes
Exploding; and
The nucleus suffocates me.
A light flashes
Behind me
Flooding everything.

I am exposed,
Transparent, naked,
Trapped in a laminate
Of X-rays.

Someone's eyes are
Looking at me:
Dazzling, captivating,
Enchanting.

They come every day
Like an imposing surge
Poised to break
My insignificance.

But it stops.
The eyes contemplate me;
I see their green sparkle,
The black pupils
Cheerfully dilating.

They are hypnotizing,
Electrifying.
I see myself in them,
Eternal, pulsating.

They blink playfully,
Flirtatiously, defiantly;
A photographic flash
Recording memories.

Then they fade away.
A powerful magnetism
Draws me to them.

The shuddering
Takes my senses and feel
I'm splitting in two;
I'm dividing!

I see detaching from me
Soul and spirit, Oh God!
I have mutated; I am two.

I scream joyfully
To those eyes: "Come, see,
A new life has commenced!"
The eyes never returned.

Any Word

Any word encapsulates
The avatars of our journeys.
In a horrific confinement,
Claiming deteriorated lives,
Shooting like an unexpected sprout.
It grows glimpsing at golden
Twilights, sketched in the hair
Of a beautiful woman.
It is witness to submerged moons
In the rhythmical river of nocturne music.
It is reflected on her attire during sunny
Days among smiling flowers.
It strolls on the sand where tiny
Shells await the tenderness of her
Feminine hands.
It sits at the table to share
Conversations about anything and everything.
It is an emerald-like look that captivates
The senses like a tropical island.
It places itself on a yellow fruit
And the tongue surrenders to its sublime nectar.
It walks under the stars accompanying
The two lovers lost in time.
It greets the sun when the sunrays
Adorn the skin of a vibrant woman
Making out in bed, or the moon
Looking discretely down at
The lovers' passionate kisses.
In the exchanges of their voices,
Happiness, laughs, sadness persists,
And they cry their disillusions.
But any word, it's an eternal memory.

Your essence

The aroma of your essence
Is impregnated in my senses.
It is all the simultaneous images
Within a convulsive nucleus,
Without useless intervals.
The universe fits in a memory,
In a word,
In a glance,
In a caress.
The present writes your name,
The past follows it permanently
Like the river to the sea; and it
Spreads to the horizon,
In which you pose, transparent,
Full of Illusions, just like your
Skin dresses the sky with
Unforgettable, golden murals.
In my mind only the verse exists:
The one that transports me to your
Feline eyes that defy darkness;
Those syllables chained
To the tip of my tongue;
Those orders imposed on my
Hands, magnetized to your skin;
They are the words that moan
Your rhythmic sensuality
And your blazing perfume
That calls me to exist.

Who?

Who will remind you of the smiling sky?
Who will show you the gray, happy clouds
Floating like memories,
The same as the nostalgic caresses and
Our passionate kisses?
Who will be by your side whispering In your ear
What the heart dictates when
It freely spills its secrets?
Who will drip the wind over your skin
Whistling the leaves our secrets?
Who will dismantle the sipping rain
We consume from the jar of our hearts?
Who will take you to the forbidden
Hideouts where you feel at home?
Who will share the doubts of our
Unappreciated existence?
Who will transport you to being free
So you can be you and only you?
Who will tell you: What a beautiful day. Isn't it?
Who will express these words: You are like the sun
Because you wake up every morning.
Who?

Sobre el autor

Manuel Camacho, oriundo de la ciudad de México, se graduó de la Universidad Estatal de California en Northridge, donde obtuvo una maestría y otra en la Universidad de Pepperdine. Es profesor de español para nativohablantes en San Joaquín Delta College. Sus cuentos y poemas se publican en la revista mensual *Joaquín* de Stockton y del portal *Culturadoor.com* producido desde California State University-Stanislaus, en el área de Modesto. Es teatrero y contador de historias orales en lo que ha producido su magnífico drama *Across the Border con Camacho,* representada ya en varios teatros. Como cuentista es excepcional, así lo muestra su colección de cuentos bilingüe *¿Tienes papeles? ...Got Papers?* (Editorial Orbis Press, 2020). Y, como poeta, tiene larga trayectoria y una enorme producción tal y como se recopila aquí, en *Todo es normal/Everything is normal,* su primer poemario publicado, también bilingüe. Su poesía es irreverente, desmitificadora, a veces recordando el mejor estilo de la "antipoesía" por su realismo, ironía, sátira de los sistemas de control que nos dominan y victimizan a nosotros, los desamparados seres humanos en su vivir cotidiano. Además, rompe con los estilos tradicionales de la rima, la puntuación, la estructuración de estrofas y versos ordenados, lo cual produce sin seguir un patrón armónico y sin métrica aparente. Camacho nos habla de obreros esclavizados, de exigencias amorosas para limpiar el baño, no coloca puntos al final de cada línea, pero inicia con mayúsculas la siguiente. No nos conmueve con atardeceres en lontananza ni con bellezas femeninas idealizadas, sino que denuncia masacres en el "México lindo y querido" o invita al amor al morder higos eróticos. De esta manera, Camacho denuncia sin metáforas que tergiversen la realidad social, lo hace sin pena ni contenciones apuntando a los asesinos, así, con esas palabras, *asesino,* tres o cuatro veces repetida, asesinos de mujeres, dictadores asesinos o asesinos universales. *Todo es normal/Everything is normal,* pues, es un poemario urgente, necesario y vital que hacía falta en las letras migrantes, chicanas y de los latinos que viven y sobreviven al menos entre dos lenguas y varias culturas dentro de la Unión Americana.

Dr. Manuel Murrieta Saldívar, editor.
California State University-Stanislaus

About the Author

Manuel Camacho, a native of Mexico City. He earned two master's degrees, one from California State University, Northridge, and another from Pepperdine University. He is a professor of Spanish for native speakers at San Joaquín Delta College. His stories and poems appear in the monthly magazine *Joaquín* and the web portal *Culturadoor.com* published at California State University-Stanislaus. He is a theater performer and storyteller. He has performed his magnificent drama *Across the Border with Camacho*, in various theaters. As a storyteller, he is exceptional, as shown by his collection of bilingual short stories *¿Tienes papeles? ...Got Papers?* (Editorial Orbis Press, 2020). And, as a poet, he has a long career and an enormous production as compiled here, in *Todo es normal / Everything is normal*, his first collection of bilingual poems. At times, his poetry reflects the "anti-poetry" style for its realism, irony, and satire of the control systems that dominate and victimize us, helpless human beings in our daily lives. In addition, he breaks with the traditional styles of rhyme, punctuation, stanza structuring, and verse order, which he writes without following a harmonic pattern and without apparent metrics. He doesn't put periods at the end of each line but starts the next one with a capital letter. Camacho writes about enslaved workers, about loving demands to clean the bathroom. He does not move us with sunsets in the distance or with idealized feminine beauties, but rather denounces massacres in "beautiful and dear Mexico" or invites us to experience lovemaking by biting erotic figs. In this way, Camacho denounces, without metaphors that distort social reality, without shame or contention, pointing to the murderers, exactly with this word, *murderers*, repeated several times: murderers of women, murderous dictators, or universal murderers. *Todo es normal/Everything is normal*, therefore, is an urgent, necessary, and vital collection of poems that was lacking in migrant, and Chicano literature, the literature of Latinos at large that live and survive between two languages and several cultures within the United States.

Dr. Manuel Murrieta Saldívar, publisher.
California State University-Stanislaus

Todo es normal

***

Everything is normal

Se terminó de imprimir en abril de 2023
en la planta de producción e impresión digital de *Editorial Orbis Press*.
El cuidado de la edición estuvo a cargo del autor Manuel Camacho
y de Manuel Murrieta Saldívar, editor general.

Printing finished in April 2023 at the production plant
and digital printing from *Editorial Orbis Press*.
Responsability for editing this edition was shared
by the author Manuel Camacho and Manuel Murrieta Saldívar, editor in chief.

Para adquirir esta obra con fines académicos, compra individual o distribución
en librerías, por favor diríjase a:
To acquire this work for academic purposes, individual purchase
or distribution in libraries, please contact:

Editorial Orbis Press
P.O. Box 1273
Turlock, California 95381 U.S.A. Tel. (602) 625-3311
editor@orbispress.com
WWW.ORBISPRESS.COM

Made in the USA
Middletown, DE
03 August 2024

58404726R00130